現代怪談
地獄めぐり

松原タニシ
川奈まり子
牛抱せん夏
内藤 駆
西浦和也

竹書房文庫

目次

松原タニシ

川奈まり子

牛抱せん夏

内藤 駆

西浦和也

松原《まつばら》タニシ《たにし》

松竹芸能所属のピン芸人。事故物件住みます芸人として活動。２０１２年よりテレビ「北野誠のおまえら行くな。」の企画により事故物件に住み始める。日本各地の心霊スポットを巡り、事故物件で起きる不思議な話を中心に怪談イベントや怪談企画の番組に数多く出演している。『事故物件怪談 恐い間取り』を上梓。

異界巡り 1

「北野誠のおまえら行くな。」の企画の一環として事故物件に住むようになってから三年が過ぎた頃。僕は当時三軒目の事故物件に住んでいた。

一軒目の事故物件での生活は恐怖の連続だった。閉鎖しているフロアから降りてくるエレベーター、誰も使っていない駐輪場、殺人事件の現場……。部屋ではラップ音が鳴り響き、番組のために連日撮影した映像にはオーブが日に日に増えていく。マンションの前では車にひかれ、喫茶店では「後ろに女が憑いている」と言われて入店拒否。事故物件の洗礼を見事に浴びた。

二軒目は自ら探して住んだ事故物件。畳の下の血痕、排水口の髪の毛、謎の留守電……。二つ目の物件でも奇妙な出来事は起こっていた。ただ、僕自身に変化があった。それは、〝慣れ〟である。怪異に対して〝慣れ〟が生じている、つまり耐性ができてしまったのだ。

そして三軒目。三軒目の物件は、一軒目二軒目と比べて怪現象は少なかった。ラップ音、オーブは多少あるものの、一軒目に比べると物足りない。原因不明の頭痛も、しばらく経つと克服してしまい、なんだかもどかしい。最早、僕は怪異に触れないと満足できない体になってしまった。

事故物件に住んでみてわかったことがある。

事故物件に住めるのであれば、どんな恐い場所にも行けるはず。

僕は事故物件を飛び出して、新たな怪異を求めて外の世界へ旅立つ決意をする。そうして事故物件から心霊スポットへ行き、事故物件に帰ってくる〝異界巡り〟がスタートした。

矢田《やた》4号踏切

僕は後輩芸人の華井《はない》二等兵を連れて、大阪市東住吉区にある矢田の踏切を訪れた。

この矢田の踏切がある近鉄南大阪線は、大阪線・京都線に比べると人身事故は少ない方なのだが、何故か矢田〜河内天美《かわちあまみ》間だけが異常に多い。この十数年で二十五回の人身事故がある。その中でも特に〝矢田4号踏切〟は、そのうちの十二回を記録している。

ちなみに大阪市と堺市《さかい》の境界である大和川《やまとがわ》沿いにこの踏切は在り、土手に踏切があるのは全国的にも珍しい。

この4号踏切は人身事故が多過ぎることから、自殺者の霊がさらに自殺志願者を呼んでいるのではないかと噂されている。

また、犬を連れた中年男性が踏切内に入り込み、電車とぶつかった瞬間に消えるという現象も目撃されている。

深夜二時、大和川の土手は街灯がほとんどなくて真っ暗だ。その暗闇にボワーっと青い光を放つ照明の場所に踏切はあった。

実は青い照明には理由がある。

二〇〇〇年、イギリス・グラスゴー市が景観改善のために青色照明を街路灯に導入したところ、犯罪発生件数が減少したことで注目を浴びた。その影響を受けて奈良県警察が積極的に青い街路灯を設置。その結果、周辺の夜間の犯罪件数が約九パーセント減少したという。これにより「青色の光には、人の精神を落ち着かせる効果がある」とし、日本各地で防犯灯として取り入れられるようになった。そして各鉄道会社がこの青い光の沈静効果を利用し、飛び込み自殺を減らそうと、人身事故が多い踏切に設置を始めたのだ。

実際、青い照明を導入した踏切は自殺者が激減したという。しかし逆に考えてみれば、青い照明のある踏切は、今まで自殺者が多かったから設置されてあるということになる。つまり、青い照明は、人が死んでいる証明でもあるわけだ。

さて、そんな青い踏切の下、僕と華井は矢田4号踏切で立ちすくんでいた。この場所で何回も人が電車にひかれていると思うと、さすがにゾワっとくるものがある。

同時に、土手の向こうの方から、何かがこちらに向かってくるのを遠目で確認していた。街灯がほぼ無いために、はっきりとはわからないが、おそらく自転車である。

あー、こっちにおそらく自転車が近づいてくるなーと何気なしに眺めていたら、

「かわいそう～」

真横から急に甲高《かんだか》く、か細い女の声がした。

僕と華井は押し黙る。そして自転車が僕らの横を通り過ぎた瞬間、

「うわぁ」

華井が堰《せき》を切った。おそらく僕と同じことを思ったのだろう。

「男やんか、自転車乗ってた人、男やんか」

取り乱す華井。

そう、僕らは突然聞こえた女の声を、正面から向かってくる自転車に乗った人物の鼻歌か何かと思いたかったのだ。しかし、自転車に乗っていたのは男だった。

そうなると、僕らが聴いた女の声は一体誰の声だったのか。

星神社

星神社は高知県高知市五台山《ごだいさん》の中腹にある神社。正式名称は妙見宮《みょうけんぐう》星神社。五台山小学校から四国霊場第三十一番札所である竹林寺《ちくりんじ》まで登る道中にある。

年に三、四回、高知市のライブハウス「カオティックノイズ」での怪談ライブに呼んでもらえるのだが、そのイベント後の打ち上げで、現地の方から毎回高知の心霊スポット情報を教えてもらえる。その中で最も興味深かったのがこの星神社。星神社は山自体が心霊スポットともされる五台山の麓から、急勾配の長い石段を登り続けたその先にある。そして真偽の程は定かではないがその昔、疫病患者たちを神社から何人も落とす風習があったとされている。

今回の探索は初めての単独行動。高知という遠方の地で、街灯もない漆黒の闇の中、一人で急勾配の石段を登る恐怖。幽霊も怖いが、転落が怖い。そして、すぐに後悔することになる。

とにかく後ろを振り返るとバランスを崩して落ちてしまう可能性があるので、ひたすら上を見て登る。ひたすら、ひたすら登るのだが、視界は懐中電灯で照らされた目の前の石段のみ。そして、落ちないようにと神経を研ぎ澄ませれば研ぎ澄ませるほど、周りの音がクリアに聞こえる。クリアに聞こえるからこそ、余計な音まで聞こえてしまう。

〝ザッ、ザッ、ザッ、ザッ〟

これは自分の足音だ。

〝ザッザ、ザッザ、ザッザ、ザッザ〟

足音が二重に聞こえる……?

〝ザッザ、ザッザ、ザザッ、ザザッ、ザザッザ、ザッザ〟

違う、もう一人誰かが石段を登っている。

だめだ、怖い。幽霊やっぱり怖い。

僕は石段から外れ、横の林に避難する。避難するといっても、もちろん林も急勾配。物理的危険度はさらに高くなる。ズルズルと滑り落ちそうになるのを、なんとか堪えながら木にしがみつく。何をやっているんだろう自分は。

ふと視線を暗闇の奥に向ける。木と木の間に小さな祠《ほこら》が見えた。その場所はさらに危険な位置にある。

「行くしかないだろう」

何故そう思ったかはわからない。わからないけど、僕は木々にしがみつきながら祠を目指した。

ボロボロの祠。忘れ去られた祠。

それと対峙した時、〝この祠の扉は開けてはいけない〟と直感した。大袈裟だが、魔界に通じる禁断の扉のように思えたのだ。

しかし、だからこそ開けなければいけないような気がした。それは言葉ではうまく説明できないのだが、何故かそう思ってしまったのだ。

僕はその小さな扉に手を掛け、ゆっくりと開帳した。

中は……見るも無残な有様だった。

神棚は崩れ、御神体は倒れ、供物が転がり、枯れ草が散らばっている。なんて罰当たりな、なんて悍《おぞ》ましい光景だろう。〝見てはいけないものを見てしまった〟、そんな感覚に襲われる。

しかし何故だろう。その後僕は「大丈夫、これ以上の恐怖はない」と思えた。そしてその瞬間、不思議と本当に何も怖く感じなくなった。

祠の上を少し登ると、突然数基の墓石が姿を現した。急勾配の林の中、何故こんな場所に建てられてあるのか。暗闇に浮かぶ古びた墓石の異様さに対し、恐怖や不安よりも検証が先に立つ。もしかしたら石段から落とされたとされる疫病患者の方々を鎮めるための石碑だろうか？　そんなことを考えながら冷静に墓石を眺めるも、結局手掛かりは掴めなかった。

林から石段に戻り、再び星神社を目指す。数分前まで自分ではない足音に恐れおののいていたはずの石段を、スイスイと上がる。そして頂上に辿り着いた。

星神社の境内はとてもシンプルで、何の飾り気もない小さな神社だった。しかしその静か過ぎる佇まいに、余計に何か得体の知れない力を宿しているような、そんな雰囲気が醸し出されていた。

「星神社」は全国に数多く存在する、北極星、北斗七星、隕石を祭神とする神社だ。また、星神社のある山は、「妙見」という名前が付けられていることが多い。

日本には古来より妙見信仰というものがあり、一般には仏教でいう北辰妙見《ほくしんみょうけん》菩薩《ぼさつ》に対する信仰をいうが、その元になっているのが道教における星辰《せいしん》信仰、特に北極星・北斗七星に対する信仰である。ちなみに北極星のことを古代中国では「北辰」と呼ぶ。

実はここ高知県五台山には星神社が三つある。高須大谷《たかすおおたに》地区（五台山北西側）の星神社、長江《ながえ》地区と高須大島《おおしま》地区の境にある（五台山北東側）星神社、そして僕が登った鳴谷《なるたに》地区（五台山南側）の妙見宮星神社。

地元住民の話によると、星神社は女性の神様を祀ってあるらしく、お姉さんが南側にある星神社で、「古来より静かなるを好む」とのことで社殿内での祭りしか行われないという。

一方、北側の二つの星神社は妹だそうで、秋の祭りには立派な御神輿《おみこし》が出るという。

そしてこの三つの星神社を地図上で見てみると、ほぼ正確な二等辺三角形に位置しており、その頂点が姉に当たる南側の星神社に当たる。実に意味ありげな配置である。

僕は今回、地元の方が知る未開の心霊スポットとして訪れたわけだが、何か別の、未知なる力をこの場所で授かってしまったのかもしれない。

異界巡り 2

二〇一六年と二〇一七年は、とにかく暇あれば取り憑かれたように心霊スポットに繰り出し、動画配信をしていた。

数えてみてゾッとしたが、この二年で約一五〇箇所の心霊スポットに行っていた。

二年と言っても心霊スポットに行きだしたのが二〇一六年七月の大塚団地からなので、一年半で一五〇箇所、つまり半年で五〇箇所のペースで心霊スポットを巡っていることになる。

しかし、それだけ行脚《あんぎゃ》しても、怪異が起きたのはほんの数える程度である。

舞子墓園《まいこぼえん》

舞子墓園は兵庫県神戸市垂水《たるみ》区にある墓園であり、僕の実家のすぐ近くにある。子供の頃よく兄とキャッチボールをしに行ったり、犬の散歩に行ったりしていた、馴染みのある場所だ。

しかし地元では有名な心霊スポットであり、火の玉の目撃談が多数ある。その他、午前二時にマリア像を見に行くと血の涙を流しているだとか、「復活」と書かれた扉をノックすると二メートルを超す謎の大男に追いかけられるなど……。

子供の頃は夜の舞子墓園に近づくのを極力避けた記憶がある。

さらに首吊り自殺がよく起きた。

近所のおばちゃんが朝のジョギングの時に発見したり、それこそ犬の散歩中のお爺さんが発見したりして、その度すぐに噂は広まった。

他にも奇妙な噂は事欠かない。

同級生のY子の父親は、夜中に車で墓園を通り抜けようとしたら、何度も同じところ

をぐるぐる回っていることに気が付いた。怖くなって車を降り、墓園の案内板を見て出口の確認をしていたら、

「そう簡単には出れへんよ〜」

と、通りすがりのお爺さんに声をかけられる。Y子の父親いわく、そのお爺さんの足がぼや〜っと半透明だったらしい。

墓園は昼間はお年寄りが集う散歩コースや花見スポットになっているのだが、つい最近の話だと、Y子の父親がベンチでくつろいでいると、

「余裕やな〜気いつけや〜、ふふふっ」

と、背後から女の声が何度も聞こえたそうだ。もちろん振り向いてみても誰もいなかったという。

Y子自身にも奇妙な出来事は起こった。

墓園を抜けた先にあるリサイクルショップにテニスのラケットを買いに出かけた時、墓園の途中で血まみれの男と突然すれ違い、

「欲しいものは手に入らん、売ってないで」

と言われた。実際、リサイクルショップにテニスのラケットは売ってなかったという。

これも同級生の話ではあるが、Qちゃんは舞子墓園の側にある高校に通っていた。この高校の生徒には「校章を墓園で落としたら、二週間後に見つかる」というジンクスがあり、彼自身も校章を失くし、二週間後に見つかった経験があるという。墓園自体は通学路でもあり、部活動でもよく使用していた。

失くした校章が見つかる場所は、墓園のどこで落としても、決まって納骨堂の前だという。落とした時には儀式があり、手を合わせて「武藤《むとう》さん、助けて下さい。お願いします」と願うのだ。

なぜ〝武藤さん〟なのかというと、墓園の中にあるひときわ大きな墓が武藤山治《さんじ》という人物の墓である。

舞子墓園は今でこそ神戸市が管理しているが、元来は武藤家の土地。武藤山治は明治・大正・昭和前期の経営者であり衆議院議員であった人物で、政府や「帝人事件《ていじんじけん》」の不正を次々と暴いた後、暗殺されてしまう。

この武藤さんに敬意を示した人は失くした物が見つかると、彼の学校では有名であった。

そして、よく言われるのが、「あそこに出る霊は悪いことをした側の人間」という話。武藤家の前では居心地が悪いのでおとなしくお墓に居ることができず、度々出てくるのだそうだ。

僕は実家に帰った際に、約二十年ぶりに舞子墓園を探索した。

深夜零時を過ぎた舞子墓園は、あいも変わらず子供の頃の記憶を呼び覚ます不気味さだった。

マリア像や武藤家の墓の場所は記憶が薄れ過ぎていて見つけることはできなかったが、復活の扉は見つかった。扉の前の石碑に大きな文字で〝復活〟と書かれているのだ。

大人になった僕は星神社の件以来、恐怖に対する耐性が備わっているので、躊躇《ちゅうちょ》なく扉をノックした。その瞬間、側に生えている木がパキパキと音を立て、近くの貯水池からウシガエルが合唱を始めた。

そのあと大男に追いかけられることはなかったが、不思議なことはあった。

墓園内を探索している最中、妙に気になる階段を見つける。その階段を上がっていくと、墓園から隔離された祠が見えた。祠は夥《おびただ》しい数の幟《のぼり》に囲まれていた。例のごとく躊躇なく中に入ると、突然幟は激しく揺れだした。

僕はさすがに居心地が悪く、すぐにこの場所から離れた。恐怖というよりも、〝歓迎されてない感〟を強く感じたのだ。

幟には「石谷《いしたに》大龍王」と書かれていた。

実は舞子という地域には無数の古墳群が存在する。この舞子墓園内にも「石谷の石窟《せっくつ》」と呼ばれる古墳群があるのだ。

名前からして「石谷大龍王」は、この古墳と何らかの関係があるのであろうが、どうやら僕は石谷大龍王と相性が悪いようである。

東山斎場《ひがしやまさいじょう》

岡山県岡山市にあるゲストハウス「ＫＡＭＰ」での怪談イベントに参加した後、レンタサイクルを借りて、現地から一番近くにある心霊スポット・東山斎場を訪れた。

丁度、東山斎場は建て替え工事中でもあり、入口が簡易なバリケードに囲まれて、巨大迷路のようになっていた。バリケードには「東山斎場↓」「火葬棟→」と書かれたパネルが貼られており、スマートフォンで動画配信をしながら火葬棟の方へ向かう。

真夜中の火葬棟にはもちろん誰も居ないのだが、待合室にまでは入ることができた。薄明かりの中、「骨上げ待機所」と書かれた部屋や、「収骨室」と書かれた部屋が並ぶ。収骨室にスマートフォンを向けると、決まって電波障害が発生し、動画配信が切れてしまうのは不思議だった。

ひと通り出入り自由の廊下を歩き、一旦外に出て収骨室の前にある喫煙所でタバコを吸った。灰皿の前にはゴミ箱があり、ゴミ箱の中にクシャクシャに丸められた紙が捨てられていたのが気になった。僕は紙を拾い上げ、広げてみる。そこには、

「○○家 十二時三十分、○○家 十三時、○○家 十三時三十分……」

と、誰かの苗字と何かの時間がびっしりと書かれてあった。

これはおそらく、焼き上がる時間……?


ドンドン!


その瞬間、収骨室の扉から音がした。

これにはさすがに驚いた。僕はダッシュで駆け出し、夢中でその場から離れ、なるだけ遠くを目指した。

どれだけ走っただろう。気がついた時には墓地にいた。墓地?

夜中に自転車で訪れたので気づかなかったのだが、東山斎場は一帯をほぼ墓地で埋め尽くされた山の真ん中にあったのだ。なので周りは墓地しかない。しかし、目の前の恐怖よりも墓地に居る方が安心するという、そんな自分に気づいた夜でもあった。

枚岡《ひらおか》廃神社

大阪府東大阪市にある枚岡神社。東大阪市指定有形文化財に指定されている由緒正しき神社である。

しかし、目的地はそこではない。枚岡神社の裏手から山を登ったところに謎の廃神社があるという。以前、ルポライターの村田らむさんが取材をしており、その関係で廃神社の存在を知った。

今回も一人、真夜中の突入を敢行する。

山道はもちろん一切の明かりなく、漆黒の闇。道も大して舗装されているわけでなく、険しい道をただただ懐中電灯の光のみで進む。

途中、謎の石仏群に遭遇する。口紅が塗られた役行者像や、苔生《こけむ》した布袋《ほてい》様、大蛇が絡みついた聖剣、置き去りにされた武者兜《かぶと》……。そしてひときわ意味がわからないのが、それらに混じって何故か祀られているダイヤル式の電話。その電話から出ているコードは石仏と石仏の隙間に入り込んでおり、引っ張っても取れない。まるで異世界と繋がっているかのよう。突然電話が鳴ったらどうしよう……と思った。

その先を登っていくと、「徳成寺《とくじょうじ》」と書かれた怪しいプレハブ小屋の寺が姿を現す。ライトを当てると、青や緑や紫といった、およそ寺院とは思えない配色に彩られていた。実際には韓国人の住職が昼間は常駐しているそうである。

この寺が目的地ではなく、さらに先に行くと、道はより険しくなる。最早〝沢〟と言っても過言ではないような小川の流れる道を進み、ようやく開けた場所に出た瞬間、

〝ガサガサガサ！〟

僕の真横の茂みから突然音がした。

「うわぁ！」

真夜中の山奥で思わず悲鳴をあげてしまった。そしてすぐさま、

「ウウウウウウウウ」

唸《うな》り声が響く。これは、幽霊ではない。猪《いのしし》だ。

僕は瞬時に命の危険を察知し、身を守れる場所を探す。

「ウウウウウウウウウウ」

まだ唸っている。

その時僕の頭をよぎったのが〝背水の陣〟だった。とにかく背後からの襲撃は防がねばと。僕は目の前にあった廃材の山を背にし、背水の陣ならぬ〝廃材の陣〟を敷き、暗闇の中、目に見えぬ猪と対峙する。

「ウウウウウ……」

どれくらい向かい合っていたのだろう。やがて唸り声は聞こえなくなった。そして落ち着きを取り戻した時にふと気づく。僕が背にしていた廃材こそ、目的地である枚岡廃神社だったのだ。神社はすでに倒壊し、廃材と化していた。しかし、今はそれどころではない。本来の目的である心霊スポット検証そっちのけで、自身の命を守ることを優先する。自分が心霊スポットになってしまっては元も子もない。

僕は、猪に再び遭遇しないよう、大声で歌を歌いながら山を降りていった。

心霊スポットでは、こうした思いがけない危険も潜んでいるので注意しなければならない。

伏見稲荷大社《ふしみいなり》

京都・深草《ふかくさ》にある伏見稲荷大社は、全国に約三万社あるといわれる稲荷神社の総本宮。東山三十六峰の最南端に位置する稲荷山の麓に本殿があり、稲荷山全体を神域とする。圧巻の千本鳥居の美しさが世界中の観光客からも大人気の、超有名パワースポットである。と同時に、異界への入口でもある。

伏見稲荷大社は昼と夜で全く違う顔になる。昼間に見る色鮮やかな千本鳥居の幻想的な景色は、夜になるとこの世のものとは思えない、幻想〝怪奇〟な姿に変化する。よく言われるのが「神隠しに遭う」というもの。確かに暗闇の中鳥居をくぐり続ける行為は、それだけでも異世界に放り込まれてしまった感覚になるのかもしれない。

実際に、前を歩いていた女性が消えた話や、山を降りてきた人が鳥居の隙間に入っていった話、いつのまにかはぐれてしまった友人が翌日になると家に帰っていて、伏見稲荷に行った記憶がなかった……などの体験談がある。

僕は京都で仕事があった日の夜、タクシーで伏見稲荷に向かった。

「お客さん、伏見稲荷には白蛇さんがいますよ」

タクシーの運転手が言う。狐ではなく白蛇？

「私ね、何回も行ってるんですけど一回だけ見たんですよ、白蛇さん。あんな縁起のええもんは一生に一度見れるか見れへんかですわ」

運転手は夕暮れ時に見たと言う。

「あとね、千本鳥居回る時は時計回りでっせ。〝の〟の字に回らなあきません」

何故時計回りの方が良いのか理由を聞いたが、とにかくそういうものらしい。

「私の従兄弟《いとこ》なんかね、三十五年間毎年欠かさず元旦にお参り行ってるんですよ、すごいでしょ。従兄弟、商売やってるんですけどね、この間潰れましたわ。それでも今年も参ってきたわって連絡ありましたけどね」

それだけお参りしてるのに倒産してしまうのか……。

伏見稲荷の主祭神は、ヤマタノオロチを退治したスサノオの子、ウカノミタマ（宇迦之御魂神)。国産みのイザナギとイザナミの間に生まれたオオゲツヒメと同体とされ、イザナギに殺された後に体から蚕《かいこ》や稲、大豆などが生まれたことから五穀豊穣《ごこくほうじょう》の女神とされる。そして時代が進むにつれて、商売繁昌・産業興隆・家内安全・交通安全・芸能上達の守護神としても信仰されるようになった。

ちなみに「お稲荷様」はウカミノタマを含む五穀豊穣を司る農作の神様の総称であり、狐の神様ではない。狐は「眷属《けんぞく》」と呼ばれるお稲荷様の使いであり、稲荷神社は狐を祀っているわけではないのである。

そこで、運転手の言う白蛇だが、実は関係がありそうだ。

本来白蛇は弁財天《べんざいてん》の使いとして〝富をもたらすもの〟として有名なのだが、この弁財天と習合している神様がウガジン(宇賀神)である。その名前はウカノミタマに由来するとも、サンスクリット語で財産を意味する「ウガヤ」とも言われている。ウカノミタマの「ウカ」は宇賀とも書かれ、〝宇賀魂命〟(ウガタマノミコト)とも呼ばれるため、充分に関連はありそうだ。さらに蛇は豊穣と結び付けられることもあるのでウガジンも同じく穀物や豊穣の神であると思われる。

よって、お互い五穀豊穣の神の使いである狐と白蛇は、近い存在であるのかもしれない。

さて、そんな運転手のお陰で豆知識も手に入れつつ、真夜中の伏見稲荷大社を訪れる。入口の大鳥居をくぐり、中に入ると、夜の境内はライトアップされ、圧倒的に荘厳な雰囲気が漂う。そして伏見稲荷のパワーが他とは違うなと思ったのは、相変わらず動画配信しながら進んで行くのだが、本殿にカメラを向けた途端に電波障害が発生する。電波状態が良好にもかかわらず、本殿は映像になかなか収めることができない。これは不思議だった。

本殿を通り過ぎ、千本鳥居に辿り着く。千本鳥居は入口が二手に分かれるのだが、タクシーの運転手が言っていた「〝の〟の字を書くように時計回り」を守るために左側から進む。千本鳥居を抜けると、奥社奉拝所（奥院）に到着する。多くの観光客はここで引き返すそうだが、この奥院からが本当の異界への入口である神域・稲荷山だ。奈良時代の七一一年に、稲荷神が降り立ったとされる稲荷山。ちなみにここからも千本鳥居とほぼ変わらぬ鳥居のトンネルが続く。

奥院から三つ辻までの道中、真夜中であるためその姿を確認することができなかったが、右手には「新池《しんいけ》」という池があった。家出人や失踪者などの行方不明者を探している人が、この新池に向かって手を打つと、こだまが返ってきた方向に行方不明者の何らかの手掛かりが見つかるという、不思議な池だ。

三つ辻の看板を見つけ、四つ辻の看板も見つけ、少し休憩する。四つ辻から見える京都の夜景はプラネタリウムが逆さまになっているようでとても神秘的だった。

四つ辻からさらに稲荷山の頂上である一ノ峰《いちのみね》を目指して歩き出した時、少し前に青い服を着た男の人が歩いているのが見えた。自分以外にも真夜中の稲荷山参拝の方が居たんだなと、少し安心したところ、男の人はスッと鳥居と鳥居の隙間に入っていった。あれ、あの隙間に脇道でもあるのかなと、男の人が視界から消えた位置まで来てみると、そこにあったのは祠だった。もちろん、行き止まりである。

「あ、これが神隠しか」

目の前で男の人が消えた。確実に消えた。

神隠しとは本来生きている人間が忽然《こつぜん》と姿を消す現象を指す。

僕が見た青い服の男の人は生きている人間だったのだろうか。それとも……。

なかなか巷で言われているような幽霊というのは見れないものだ。ここまで来ると、「怖い」や「恐ろしい」よりも「会いたい」という感情の方が強くなる。

不思議なこと、不可解なこと、それらにより多く遭遇した方がきっと人生は楽しい。

もちろん、死ななければの話だが。

これからも異界巡りはまだまだ続く。

川奈《かわな》まり子《まりこ》

『義母の艶香』で小説家デビュー。実話怪談では『赤い地獄』『実話怪談 出没地帯』『穢死』『迷家奇譚』『呪情』『夜葬』など。共著に『嬲 怪談実話二人衆』『女之怪談 実話系ホラーアンソロジー』『怪談五色 破戒』など。

魂の荷重

～宮城県仙台市若林区荒浜《みやぎけんせんだいしわかばやしくあらはま》～

仙台で内装施工会社に勤務している高橋正さんは、二〇一一年四月のその日、市内で愛用のトラックを運転していた。

白いマツダのボンゴトラック850が高橋さんの相棒だ。

彼は会社で資材の管理を担当していて、中型の貨物自動車を二〇年以上運転してきたが、このボンゴトラックとは特に付き合いが長い。車両感覚は完璧で、幅一六〇センチ・長さ二四七センチの荷台の隅々まで、体の一部のように感じられる。三・一一の震災後、ガソリン不足のため約一ヶ月間も自宅待機を申しつけられていた。ようやく仕事を再開できることになってハンドルを握った次第で、出発したときは解放感に浮き立つような気分だった。

しかし、しばらくすると、みるみる心が沈んでしまった。

彼の自宅と会社は仙台市内でも地震や津波による被害が少なかった場所にあり、住まいも社屋も無事だったのだが。

——ここまで悲惨な状況になっている所が同じ市内にあったとは！

被害が著しい地域は一面、瓦礫《がれき》だらけで、街の原型をとどめていなかった。

彼は長年、仙台市を中心に宮城県内の工事現場を日に幾つも受け持って、資材を届けたり注文を受けたりしてきた。仙台の街は我が家の庭も同然で、震災前のようすをつぶさに思い出すことができる。塵芥《じんかい》がうずたかく積もったあの辺りには商店街があった、あそこは更地になっているが元は公園だった……等々。

目の前に広がる惨状と失われた景色が二重映しになって見えて、切なかった。

やりきれない気持ちで工事現場を回っていたが、そのうち、ふと、あることが気になってきた。

——荒浜は、今、どうなっているのだろう？

深沼海水浴場を擁する若林区の荒浜は、彼が物心がついた頃から夏になるたび訪れてきた海辺の集落だ。最初は両親に連れられて。少年時代は友だちとバスに乗って。結婚してからは妻や子どもたちと。

小ぢんまりした飲食店や土産物屋《みやげ》が肩を並べ、「氷」の旗がひらめく通りを下っていくと、原色のパラソルが花咲く砂浜と青い海が見えてくる。波間を滑るウィンドサーフィンの帆。日焼けした肌。笑顔の人々。

半生分の夏の記憶を反芻《はんすう》するにつれ、あの海水浴場と海沿いの小さな集落が、幸福の象徴であるかのように思えてきた。

——どうか無事であってくれ！

彼は祈るような気持ちで、荒浜の方へトラックのハンドルを切った。

やがて、ここが荒浜集落の入口に違いないと思う……にわかには信じがたいが、地理的にそう思わざるをえない場所に辿りついた。

前方に自衛隊のゲートを認めて、宮城県知事の捺印のある《緊急工事車両証明書》をフロントガラスの内側に立てかけた。ここまでに市内で似たようなゲートをいくつか通過してきて、これがないと被災地のゲートを通してもらえないことは学んでいた。

関所のようなものだと高橋さんは考えた。荒浜へは仕事の用で来たわけではないが、「緊急工事車両」のボンゴトラックは怪しまれないだろう。また、いざとなれば煙草が効力を発揮するはずだ。震災前にたまたま紙巻き煙草をカートンで買い置きしていたのは好運だった。

果たして、あっさりと通行が許可された。窓を開けてサインをするついでに、高橋さんは自衛官に訊ねた。

「ここは荒浜ですよね？　深沼海水浴場のある？」

「そうですよ。若林区荒浜です。海岸には近づけませんよ。危険ですから」

うずたかく積まれた瓦礫の間に、車がすれちがえる幅の道が作られていた。泥と倒木、石と廃材の谷間が、緩く傾斜している。ここは海水浴場へ向かう坂の上なのだ。傾斜の角度に見覚えがあるような気がした。しかし、こんな道ではなかった。

集落の家並みを探して、高橋さんは視線をさまよわせた。ゲートで窓を開けたとき流れ込んだ悪臭が、窓を閉めてもまだ車内に漂っている。魚介類が腐ったような臭いだ。

そのとき、荷台に何かが乗った。

少しでも荷重がかかれば即座にわかる。ボンゴトラックの荷台は、彼にとっては掌《てのひら》と同じだ。鼠《ねずみ》一匹だって感じられる自信があったが、今、飛び乗ったのは鼠なんてものじゃない。人間ぐらいの大きさと重さをそなえた何かだ。

車を停めて、リアウィンドウから荷台を見おろした。キャビンの中から、ほとんど死角なく荷台のようすを確認できるのがボンゴトラックの特徴だ。

――荷台には何も見当たらず、虚ろな矩形《くけい》を空に向けて開いているだけだった。

けれども、その直後に、また何かがボンッと乗ってきた。そしてさらにまたボンボンと荷重が加わった。

積荷で荷台がいっぱいになったことを感じたが、やはり目には何も見えない。降りて荷重の正体を確かめたいと思った。しかし後ろから工事車両が来てしまった。

そこで再びトラックを発進させて、駐車スペースを探しながら、瓦礫の中を縫っていった。

やがて行く手に見覚えのある小学校が現れた。原型を留めた鉄筋コンクリート四階建ての校舎が、荒野で唯一の希望のように光って見えた。だが本来あるべき子どもたちの姿はなく、自衛隊、警察署、消防署の各車両が何台も校庭に駐車されていた。

厳《いか》つい自衛隊車両と大きな消防車の間に停めると、高橋さんのボンゴトラックは急に頼りなく見えた。

「どうされました?」

運転席から降りようとしたとき、後ろから声を掛けられた。振り返ったら、二人組の自衛官が彼を注視しながら大股に歩いてくるところだった。

高橋さんは煙草の箱を彼らに差し出した。

「ちょっと車を点検しようと思いまして。おひとつ、いかがですか？」

「や。ありがたいな。手に入らなくて参っていたところです。頂戴いたします」

自衛官はどちらも高橋さんより少し年輩に見えた。四〇代後半か五〇代といったところで、二人とも苦労が刻まれた風貌をしている。

「旨いですなぁ。久しぶりだから余計に。ところで、故障ですか？」

「いいえ。違うと思います」

「では、なぜ？　こんなところで何をされていたんですか？」

自衛官たちは鍛えあげられた体格で目つきも鋭く、そばに立たれると圧を感じた。高橋さんは緊張してしまい、うまく言い訳することをあきらめた。

「正直に話します。仕事の合間に荒浜を見にきました。子どもの頃から大好きな場所だったんです。ですが、ゲートを通り抜けてから、急に荷重が掛かりはじめました。でも、ご覧のとおり、荷台には何も乗っていなくて……」

自衛官たちが互いに顔を見合わせたので、彼は焦って早口で付け足した。

「頭が変だと思われるかもしれませんが、嘘じゃありません！」

てっきり馬鹿にされるかと思ったのだが、なぜか自衛官たちは表情を和ませた。そして口々にこんなことを言った。

「わかりました。避難所に行けばきっと荷重が取れますよ。我々も、警察や消防の人たちも、あなたと同じような体験をしています。津波の犠牲になった方たちが乗っていらっしゃるから、避難所に送ってさしあげてください」

「さっきのゲートから内陸の方に向かうと、五〇〇メートル先に一ヶ所、そしてそこからさらに一〇〇メートル先に一ヶ所、合計二ヶ所の避難所に分かれて、荒浜に住んでいた皆さんが集まっています。荷台の方々を、そこに連れていってあげてください」

「避難所に着いたら、線香をあげる代わりに、煙草を一服するといいかもしれません」

言われたとおりに道を戻り、まず一つ目の避難所を訪れた。建物の前でトラックを降りて煙草に火を点けた。一本吸い終わると再び運転席に乗り込み、エンジンをかけた。アクセルを踏み込むと、すぐに違いに気がついた。

──荷台が軽くなっている！

バックミラーに避難所の人々が映っていた。挨拶もせず来てしまったが、彼らは生き延びた荒浜の住民なのだと、あらためて思った。

あの中には、亡くなった方たちの御遺族もいるはずだ。

「みんな、家族に会いたいよなぁ」

独り言をつぶやいたつもりはなかった。

「そうだよな。わかるよ」

前を向いて運転しながら、荷台まで届くように大きな声で語りかけた。

「僕もまた荒浜に遊びに行きたいよ！　海水浴場にカミサンと子どもを連れていきたい！　なあ、みんな、家族のところに帰りたいよな！」

二つ目の避難所で全員が降りたとわかった。そして彼は、空になった荷台を感じながら帰途についた。


【仙台市の死者・行方不明者は二一日現在、八六九人。荒浜地区での犠牲者は約一八〇人に上るという。遺体の大半は、県道塩釜亘理線沿いの荒浜新一、二丁目や海岸ではなく、

荒浜西部の南長沼周辺や東部を流れる貞山堀で見つかった。二〇一一年五月二二日河北新報】

釣り怪談
～神奈川県横浜市鶴見区生麦《かながわけんよこはましつるみくなまむぎ》～

外人墓地、元町、馬車道、中華街、山下公園、赤レンガ倉庫、みなとみらい……。港町・横浜を彩るイメージはさまざまあるが、魚河岸の存在はあまり知られていない。

神奈川県横浜市の鶴見区には、生麦魚河岸《かし》（鶴見市場）がある。かつてここには江戸幕府から漁業権を認められた漁場があり、生麦は海辺の漁師町として栄えた。しかし近代に入ると埋め立て地が造成されはじめ、いつしか現在のような工場地帯に変わった。

鶴見区の公式ホームページによれば、生麦の漁業に終止符が打たれたのは一九七一年（昭和四六年）だそうだ。

鈴木哲也さんは、ちょうどこの年に生まれた。彼の家は代々、生麦の浜で漁業を営んできており、親族のほぼ全員が水産業に従事していた。彼の祖父も父も漁師だった。

鶴見区の公式発表には「終止符が……」と書かれているが、当時、鈴木さんをはじめとした生麦うまれの少年たちの多くが某水産高校に進学したところを見ると、漁師町の人々はその後もしばらくは漁業をあきらめず、新しい漁師の在り方を模索する気運もあったのではないかと推察する。

しかしながら、鈴木さんと同じ高校に通った生麦の仲間たち――渡辺さんと小林さんとしておく――は一八歳から二〇代前半の頃、地元で暇を持て余すことになった。船舶免許を取得し、漁業の知識も学んだが、肝心の海は消えかけ、家業は廃業寸前だったのだ。そこで彼らは鶴見市場の手伝いや適当なアルバイトで食いつなぎながら、消えゆく海を惜しむかのように長い時間を釣りについやした。

鶴見区を流れる鶴見川の河口付近から工場地帯を縦横に走る水路に入り、あるときは工場の配管に隠れて、またあるときは河口近くの堤防から、釣り糸を垂らすのである。

鈴木家の倉庫に眠っていた三人乗りのアルミボートに船外機を取りつけて、水で繋がったあらゆる場所を探検した。アルミボートは最大幅一一七センチとスリムで、小回りが利く。工場敷地内の水路に不法侵入したこともあるそうだが、すでに時効だろう。

ある夜、鈴木さんたちは横浜ベイブリッジの少し手前でアルミボートを停めた。船尾で舵《かじ》を操っていた鈴木さんがアンカーを下ろす。まだしっかり碇が固定されないうちに、渡辺さんと小林さんは待ちかねたようにルアーを海に放り投げた。

すぐに鈴木さんもいそいそと竿《さお》を手に取ったのだが、そのとき。

「鈴木、ちょっと待って！　釣り竿を置いて！」

渡辺さんが大声で彼を止めた。「なんだよ？」と鈴木さんが振り向くと、渡辺さんは引き攣《つ》った顔でボートの舷側から真下の水面を覗き込んでいた。

「……見てる」

「え？」

「顔が見てる！　誰かが水の中から俺のこと見てる！　急いで船を出して！」

渡辺さんが怯え切っているので、その夜は釣りをあきらめて引き返した。

それからしばらくして、再び三人は夜釣りに出た。先日、渡辺さんが顔を目撃した辺りに差し掛かると、船外機が異音を立てはじめた。

「ありゃ、フィン（プロペラ）に藻《も》が絡まっちゃったかな。外すから停めるわ！」

鈴木さんは二人に声をかけてエンジンを切り、アンカーを下ろした。そして船外機を持ちあげてフィンを覗き込み、

「うっわ！　キモ！　人間の髪じゃん！」

と、叫んでのけぞった。絡まっていたのは長い黒髪だったのだ。

「キッモ！　でも、船外機、捨ててくわけにいかないし……。渡辺、俺が船外機を抱えてるから、髪の毛を取り除けて。お願い！」

「え？　俺？　こないだ顔を見たの俺なんだけど。もうやだぁ！」

しかし鈴木さんに近い方に座っていたのは渡辺さんで、狭いアルミボートの上で小林さんと場所を交替するのは容易ではなかった。

「げぇ、長い毛がゴッソリ絡まってるよ。鈴木ぃ、もっと上に持ちあげて！」

鈴木さんは「オッケー」と軽く答えて、船外機を思い切り高く掲げた。大量の長い髪が引き揚げられて、

「………‼」

ついでに人間の頭がぶらさがってついてきた。水膨れした顔と対面するはめになった渡辺さんが声にならない悲鳴をあげ、鈴木さんはわめきながら船外機を振り回した。

「離れろぉ！」

その勢いで頭は宙を飛んで海にドボンと落ちた。フィンの髪の毛もだいたい外れた。

三人は泡を喰って逃げかえり、騒ぎを聞いて出てきた鈴木さんの祖母に一部始終を話

した。彼女は生まれも育ちも生麦の漁師町の人で、古いしきたりをよく知っていた。

「あんたたち三人で、酒と塩を持って、そこに行って撒いてこい！」

「今から？　ばあちゃん、もう夜中だよ。怖いよ。本物の死体の頭だったんだぜ？」

「漁師がそんなだらしないことでどうするんだ！　すぐに行ってこい！」

命令に従って三人はすごすごと海に戻った。さっき生首を拾った辺りにアルミボートを停めて、鈴木家の台所から持ってきた塩と日本酒を海面に撒いた。

鈴木さんの祖母によれば、彼らが釣りをしていたベイブリッジの辺りは、潮の流れの関係で、昔から死体が流れ着きやすい場所だという。また、ベイブリッジから投身自殺した人のご遺体は、ほとんど発見されないとする説もある。


このときの頭の主に取り憑かれたのか、それとも単にうっかりものだったのか。渡辺さんは、その後、よく海に落ちるようになったのだという。

こんなこともあった。

これも夜のことだ。三人はこのときはボートではなく、橋のたもとの川堤から鶴見川に釣り糸を垂らしていた。河口に近いから川幅はゆったりと広い。彼らが座っているのは、川沿いの遊歩道の外側だった。遊歩道の端に設けられた塀から飛び降りるか、近くに架かる橋のたもとから階段を下りていくか、さもなければボートを接岸して上るしかない、狭い通路。そこで夜釣りを楽しんでいたのである。

三人は適度な間隔をあけて座り、のんびりと魚を釣っていた。そのうち小林さんが小用のために近くのコンビニへ行った。橋のたもとから上がっていって、一〇分ぐらいで戻ってきたのだが、なぜかすぐに下りてこない。

「そんなところで何やってんの？　戻ってこいよ！」

「いや、ヤバいわ、そこ！　場所を変えよう！　俺の道具、持ってきて！」

「ハア？　こんなによく釣れてるのに？」

「いいから早く！　とりあえず、こっちに来たらわかるから、来てみ！」

鈴木さんは仕方なく、小林さんと自分の釣り道具を持って、橋のたもとに上がっていった。

「鈴木も振り返ってみな。なぁ？　ヤバいだろぉ？」

そう言われてさっきまでいた通路を見下ろし、鈴木さんは総毛だった。

「ヒエッ！　渡辺ぇ！　むしろおまえがいちばんマジでヤバい！　逃げろ！」

鈴木さんの目には、渡辺さんの背後に若い女性が佇んでいるのが見えたのである。まだ一七、八の少女かもしれない、ほっそりした女性だ。それが、渡辺さんの方を向いて立っていた。……しかし鈴木さんは、たった今、彼の後ろを通ってきたばかりなのだった。つまり、あの女性の身体を通り抜けて……。

「げげっ！　俺、大丈夫かなぁ。渡辺も早く逃げろってば！　後ろ、後ろっ！」

「え？　後ろ？」と渡辺さんは振り返ったが、「なんにもいないよ？」と言った。

そこであらためて鈴木さんと小林さんは震えあがった。

「マジもんの幽霊じゃんか！　渡辺、おまえはもう駄目かもしんない……」

「幽霊？　ここにいるの？　信じらんないなぁ」

ぶつぶつと文句を垂れながら、ようやく渡辺さんがやってきた。「なんだよ！」と元いた場所を振り向いたかと思うと、後ろにのけぞって倒れそうになる。踏みとどまって小林さんにしがみつき、「早く言え！」と怒った。

「友だち甲斐のないヤツだ！　……ねえ、ずっと俺の後ろにアレがいたの？」

「うん。戻ってきたら、立ってるのが見えた。鈴木はあの人の中を通り抜けたよ」

「やっぱり……」

女性の姿をしたものは、彼らが会話している間もずっと川べりの通路に佇んでいた。

一ヶ月ぐらいして、たまたま鈴木さんたちはその近くを通りかかった。朝の六時頃で、通路には他に人影もなかったので、遠くからでもそこに三人の人物がいることがわかった。立ったりしゃがみこんだりして何かしている。

喪服を着た両親とその娘のようだ、と、近づくにつれて明らかになった。

中年の夫婦と十五、六歳の少女が揃って黒衣に身を包んで、川の流れを眺めていた。

そして、このあいだ渡辺さんが座っていたあたりに、供えられたばかりの茶碗飯と菊の花束があった。

湖畔の女

～富山県《とやまけん》砺波市《となみし》庄川町《しょうがわまち》～

一九八三年（昭和五八年）頃の夏、土建会社に勤務していた佐藤守さんは、その日、山岳道路の補修工事を準備するため、富山県の山中を訪れていた。工事現場の下見がてら、山麓の村で関係者と話し合いの席を設けたのだが、予想外に相談が込み入ってしまい、村を後にするときは夜の十一時を回っていた。

佐藤さんは自家用車に乗ってきていた。村の人々からは、この近辺は霧が出やすくて危ないから泊まっていけと強く勧められた。しかし、翌日は午前一〇時には富山市内の支所に出勤しなければならなかったので固辞するしかなかった。

富山県の支所に異動してきたのはつい最近で、この辺りの土地勘はまったくない。幸い、村人はああ言っていたけれど、霧は出ておらず視界はクリアだった。しかし来たときと同じ道を慎重に辿り、安全運転を心掛けた。こんな山奥で、道を間違えたり事故を起こしたりしたら大変だからだ。

やがて道路は湖畔にさしかかった。行きにも通った小牧《こまき》ダムの湖岸の道だ。この湖の一帯は庄川峡《しょうがわきょう》と呼ばれる景勝地だそうで、今日の昼間に来たときは湖のほとりを散策する観光客も多く、遊覧船がエメラルド色の湖水にさざ波を立てていた。

今は人っ子ひとりいない。堤の下は暗闇に沈み、湖は黒々とした巨大な穴のように見えた。道路の端から落ちたら命がないのは当然、湖から地獄に直行しそうだ。実に不気味な景色で、佐藤さんはゾッとした。

と、そのとき、白い霧がどこからともなく漂ってきたかと思ったら、あっという間に彼の車を押し包んだ。

——村の人たちが言っていたのはこのことか！　まさかこんなにも濃い霧だとは！

ハイビームにしたヘッドライトを霧が反射して何も見えない。ロービームに切り替えてみたら、道路の中央線が照らし出された。この線を頼りに行くしかない。

冷静に、と自分に言い聞かせた。しかし早く帰りたいものだ……と、半ば無意識に時計を確認して、目を疑った。午前一時。村を出てから二時間近く経過していた。往路では、富山市の中心地からさっきの村まで、およそ一時間半の道のりだったのに。

こめかみの奥がズキズキと痛みはじめた。めったに頭痛になどならないが、神経が逆立っているせいだろう。町の灯りを見て安心したら治まるはずだ……。

頭痛をこらえながら、路面にペイントされた中央線を見つめてひたすら進んだ。

すると突然、霧の中から何かが飛び出してきて車の真ん前で倒れ伏した。佐藤さんは驚愕し、咄嗟《とっさ》にブレーキを踏んだ。

動悸がおさまるまで、少しの間、ハンドルを握ってじっとしていた。今のは何だ？　フロントノーズに隠れて見えないが、車の前に何かが倒れていることは間違いない。動物だろうか？　幸い轢《ひ》いてはいないと思うが、どかさなければ車を動かせない。

意を決して外に出ると、途端に、真っ白な女性のふくらはぎが目に飛び込んだ。

「あっ、大丈夫ですか！」

急いで駆け寄ってみれば、長い黒髪の女性がうつぶせに倒れていた。白っぽい夏向きのワンピースが濡れそぼって体に張りついている。靴を履いておらず、一見したところ外傷はないが、尋常なようすではない。

――湖に落ちたのかな？　自殺未遂？

肩を揺すっても反応がなく、抱きかかえて仰向けにしても、目を閉じたままぐったりしている。救急車を呼びたかったが、近くに公衆電話は見当たらず、周囲に民家や宿泊施設があるのかどうかもわからない。しかし、見れば歳の頃は二六、七の美しい女性で、ご家族がさぞや心配していることだろうと彼は思った。

そこで、その女性を後部座席に寝かせて、市内の病院を目指すことにしたのである。

それからどれほど走っただろうか……。激しい頭痛に悩まされながら一心に中央線を辿って運転していると、急に霧が晴れて視界が開けた。

街灯と信号機が見え、広い道路が左右に伸びていた。往路で確認した覚えがある県道の標識が目の前に立っている。信号はちょうど赤に変わるところだった。彼は車を停止させ、「もうすぐ病院に着きますよ」と話しかけながら後部座席を振り向いた。

――えっ？

女性の姿が見当たらない。慌てて後部座席の下も覗き込んでみたが、そこにも無かった。ドアは開閉していない。なのにどうして……。

抱えあげたときに感じた重さを、彼はまざまざと思い出した。あれだけのボリュームがあるものが、消えるわけがない。しかし、消えた。

路肩に停車して、持っていた煙草を取り出した。線香のように煙草が魔を祓ってくれることを期待したのだ。震える手で火を点け、運転席で吸いはじめると、みるみる頭痛が治まった。

気分が落ち着いたところで、あらためて後部座席を点検してみた。クロス張りのシートが黒ずんでいることに気づいて触ってみると、軽く指先で凹ませただけで水が滲み出た。

翌日、佐藤さんは昼休みに自宅近くの警察署を訪れた。

彼は、前に住んでいた地域で、警察が組織する市民ボランティア・グループで活動していた。そして富山に引っ越すと、すぐにこちらの警察署でもボランティアに登録しようとしたのだが、以前の経験を買われて、参加すると同時にグループのリーダーに抜擢された。お陰でボランティア・グループを担当している交通課の警察官の某《なにがし》とは、短期間に何度も顔を合わせており、すでに気軽に会話ができる仲になっていた。

某を呼び出してもらって、警察署の相談室で昨夜の珍事を報告した。信じてもらえないだろうと思い、「馬鹿みたいな話だから、笑ってくれてもかまわないですよ」と前置きして打ち明けたが、某は最初から終わりまで真剣に佐藤さんの話に耳を傾けた。

「……家に着いたのは二時過ぎでした。妻が起きてきて、私のようすがおかしいことに気がついたらしく、『何かいけないものを見たんでしょう？』と言いました。あの女性はいったい何だったのか……」

「二六、七の髪の長い女性で、夏用のワンピースを着ていたんですよね？　だったら、私は佐藤さんの話を信じますよ！　なぜかというと、小牧ダムの湖畔をドライブしていたカップルが車ごと湖に転落して、男性は車から投げ出されて助かったけれど、女性の方はご遺体も発見できないまま……という事件があって、その女性の年齢や容姿が、ちょうどそんなふうでしたから。彼女は見つけてほしくて、姿を現したんじゃないかなぁ。我々もずいぶん捜索したんですが、どうしてもご遺体が見つからなくて、そのままになってしまいましたから」

佐藤さんは、その後、何度か仕事で同じ道を通ったが、女性を拾ったと思われる場所を通るたびに、頭痛に襲われたり、怪しい呻《うめ》き声を耳にしたりしたのだという。

また、なぜかこの頃から、「自分は六五歳で死ぬ」と彼は家族に言うようになった。

ずっと誰も本気にしなかったが、佐藤さんが六三歳のときに撮った集合写真で、彼だけ全身が半透明に透けて写っていたので、みんな怖がるようになった。

しかし、その写真を見ても本人は恐れるようすもなく、「六五まで生きていられたら充分だ」と話していたそうだ。

そして翌年、六四歳のときに交通事故に遭って昏睡状態に陥り、自分で予言していた通り、本当に六五歳で他界してしまった。

以上の話を、私は故人となった佐藤守さんのご長男から伺った。今年（二〇一八年）でお父さんの二七回忌を迎えるということだ。

手毬の少女

～東京都港区白金台《しろかねだい》～

「あんたがたどこさ　肥後《ひご》さ　肥後どこさ　熊本さ　熊本どこさ　船場《せんば》さ……」

この歌詞で知られる手毬唄「肥後手まり唄」の舞台、肥後・熊本の藩の中屋敷が、かつて、東京都港区白金台一丁目の辺りにあった。そこは今、一七世紀から続く日蓮宗《にちれんしゅう》の寺院と、昭和の大物政治家の屋敷を経て高級ホテルとなったエリアとに、だいたい二分されている。

そのホテルの地下に、雨の日の深夜、手毬をつく妖しい少女が現れるのだという。有名な手毬唄の舞台・肥後熊本藩。その中屋敷の跡地に出没する手毬の少女。三〇〇年以上の長い時の坂道を、手毬がころころ転がってきたかのようだ。

ただし、このことを知っているのは、裏方的なスタッフと警備員などに限られるらしい。噂が広がらない理由は、少女が出没する一角がゲストルームから離れているせいと、ある忌まわしい出来事にこの怪異が関わっていたためだと思われる。

若い頃から長年、件のホテルで働いている中村松子さんから聞いた話だ。

二〇年以上前のことだが、ここに山本さんという女性が勤めていた。

山本さんは当時三〇歳前後。将来を誓い合った恋人がいたが、彼女は宴会担当マネージャーに抜擢された矢先で、シーズンによっては連日残業もあたりまえ、徹夜で働くことが珍しくなかったので、結婚はもう少し先のことになりそうだった。

その夜も、イベントの片付けと、同じ宴会場で翌朝から催される結婚式の準備に追われた。仕事が終わったのは午前二時過ぎで、疲れ果てた山本さんはバックヤードにある従業員用の休憩室で仮眠を取ることにした。

山本さんは休憩室で寝るのは初めてだったが、見れば一応ベッドやバスルームもあり、地下にあるから非常に静かだ。疲れていたせいもあって、すぐに眠りに落ちた。

――トン、トン、トン

何か物音がする。なんだろう？　毬をついているみたい……。

初めは夢の中でその音を聞いているような気がしていた。しかしだんだんと意識が揺り起こされてきて、やがて彼女は目を開けた。

――トン、トン、トン、トン、トン、トン
音は一定のリズムを刻んでおり、本当に、毬つきでもしているかのようだ。

横たわったまま枕もとのスタンドライトを点けてみた。頭をもたげて四方を見回しながら鼓膜に神経を集中させると、音の出どころがわかった。

このベッドの真上の辺り。つまり天井だ。

音はいったん鳴りやんだ。上の階で何か作業をしていたのだろうと思い、山本さんはスタンドライトの灯りを絞って再び目を瞑《つむ》った。けれども、すぐまたさっきの音が、こんどは違う方角から聞こえてきた。気になって眠れない。また周囲を見回してみたところ、部屋の隅の暗がりに毬《まり》が一つ、落ちていた。

色鮮やかな糸が幾重にも巻かれ、幾何学模様を表した美しい日本手毬だ。

今そこに転がってきたばかりのように、ゆらゆらと揺れて……止まった。と思ったら、小さな一対の手がサッと毬を掴んで物陰に引っ込んだ。

びっくりして声を振り絞ったつもりが口を開けて息を吐いただけとなり、よけいに驚いてしまった。なぜか起きあがることも出来ないとわかり、ひどく焦った。

すると今度は、衣擦れと軽い足音が床を横切ってドアの方へ駆け抜けていった。

足音が部屋から出ていくと同時に動けるようになり、上体を起こして、さきほど毬が転がっていたあたりを見たが、誰もいない。山本さんは浴室やクローゼットを確認してみようと思い、ベッドから降りた。

すると、どこかから、ころころころっと彼女の足もとに毬が転がってきた。

爪先に当たりそうになり、とっさに屈んで拾おうとした。

そのとき、和服を着た五、六歳の少女が、いかにも毬を追って走ってきたという体で忽然と現れた。駆け寄ってきて素早く毬を拾うと、踵《きびす》を返して部屋の隅に逃げていく。

そして消えてしまった。

山本さんは、しばらくして気を取り直し、部屋中の灯りをこうこうと点けて、少女が逃げていった辺りをつぶさに調べた。けれども、そこは単に部屋の角であって、壁があるばかりだったのだという。

こんなことがあって以降、彼女は同じ怪異に何回か見舞われた。いつも地下の休憩室で、深夜か明け方に眠っているときだった。そして決まって雨が降っていた。

回を重ねられた理由は、済んでしまえば怖くないと初めのときに思ったためだ。

二度目からはたいして驚きもせず、三度目以降は、いつ毬が転がってくるかと寝る前から待ち遠しく思ったほどだ。

それは六回目だったか、七回目だったか……。

何度目かは定かではないが、最後に現れたとき、少女はいつもとは違って、毬を拾うと山本さんの体を真っ直ぐに通り抜けていったのだそうだ。

山本さんは体調を崩したと言って翌日から仕事を休み、病院で診察を受けた。すると妊娠していることが判明し、しかも、すでに赤ん坊は彼女の胎内で大きく育っていて、堕胎することが不可能になっていたのである。

これが原因で山本さんは恋人と別れた。二人は長らくそうした関係を持っていなかったので、彼が疑うのも無理はなかった。

「でも決して浮気などしていないと山本さんは言っていました」

「だけど別れてしまったら、彼女はその後どうしたんでしょう? 中絶不可能ということは妊娠二二週を過ぎていて、赤ん坊は四〇〇グラムぐらいに育ってます。大きさは、それこそ日本手毬かメロンぐらいありますよ。一晩でいきなりそこまで胎児が成長するというのは恐ろしいことです。誰が見ても妊娠しているのがわかるぐらい、はっきりとお腹が突き出していたはずですからね」

私がこう言うと、中村さんは困った顔をされた。

「山本さんは、それっきりホテルに出勤せず、そのまま退職してしまったんですよ。二ヶ月も経った頃に私物を取りにいらして、そのとき、最後の夜の出来事を私たちに話してくれたのですが、赤ちゃんのことまでは……。そのときは、もうお腹は平らになっていたような気がするんですが……。産んだあとだったのかしら……」

なんだか後味の悪い話なので、お客さんの耳に入らないように、中村さんたちは気をつけてきたのだという。

沖縄の母子
～沖縄県国頭郡恩納村《くにがみぐんおんなそん》～

沖縄県の恩納村は、海、山、川、湧水に恵まれた土地を活かして、古くから稲作を行っていた。そのため琉球《りゅうきゅう》王国の中でも有力な集落のひとつとなり、一七二六年（享保一一年）には尚敬王《しょうけいおう》が家臣を率いて訪れた。

村人たちは、王を随一の景勝地に招いて歓待の宴を開いた。

恩納村の人々が王を迎えたその場所は、海を望む広い台地だった。ダイナミックな奇岩・巨岩が目を惹く崖の荒々しさと、瑞々しい緑の草原、果てしない海原。まさに絶景であり、王は深く感じ入った。そして、この地を「万座毛《まんざもう》」と名づけた。万人を座らせることができる草原という意味だそうだ。

王を歓迎した村人の中に、恩納ナビー（別表記・恩納なべ）という農家の女性がいた。ナビー―は琉歌の名手として知られていた。琉歌とは長い歴史を持つ沖縄の定型詩で、和歌と似ているが、歌唱することを前提にしている点が異なる。

恩納ナビ―が尚敬王の前で唄った琉歌は、

「波の声もとまれ　風の声もとまれ　首里天がなし　美御機拝ま」

というもので、万座毛にはこれを刻んだ石碑がある。

あと一〇年足らずで王の行幸から三〇〇年が経つ今日でも、万座毛の岸壁は雄大な景観を誇り、ナビ―が波や風に呼びかけた東シナ海はどこまでも青い。


一九八二年の夏、恩納村に、周囲の風景になじまない、一種独特の雰囲気を纏った男女の集団が現れた。なかにはTシャツを着ている者もいて、カジュアルな服装の者が多いのだが、土地の人々とは着こなしが違う。つい、「都会的な」という手垢のついた形容を使いたくなるが、実際、彼らは東京都から来たのだった。

総勢、約一五名。そんな大所帯のグループがこの村を訪れることは、まだ当時は珍しかった。……工事関係者は別だが。沖縄返還一〇周年のこの年、海沿いで大型のリゾートホテルが建設されていた。来春の竣工を目指して工事の真っ只中であった。

すでに航空各社が沖縄路線を開通させてはいたが、全国的な沖縄ブームはまだ訪れていなかった。沖縄を日本屈指のリゾート地にする、そんな使命を帯びて集められたのが件の人々だった。

彼らはコマーシャル制作のプロ集団と関係者で、恩納村に建設中の大型リゾートホテルの宣伝広告物を大手広告代理店が手掛けることになり、キャンペーンのメインとなるテレビ・コマーシャルを撮影するために来たのだ。

今でこそ沖縄本島の海岸沿いには多くのリゾートホテルが建ち並ぶが、八二年には大型ホテルは恩納村やその付近にはまだ一軒も開業していなかった。

全員で泊まれるホテルや旅館が無かったため、滞在するにあたって、彼らは四つの宿泊施設に分かれた。

コマーシャル制作班は最も人数が多く、一〇人もいたので、広い民宿を借り切った。民宿は平屋造りで、客室が六つ、横一列に並んでいた。モデルの女性以外は二人一室で部屋を割り振ると、ちょうど満室になった。食堂と大浴場は共同で使う。宿泊予定は三泊四日。場所は万座毛のすぐ近く。

プロデューサーの小松さんは、ディレクターの阿部さんと一緒に右端の部屋を使うことになった。昼過ぎに到着して、部屋に通されるとすぐ、縁側から海辺の景色を見渡せることに気がついた。慌ただしいスケジュールを忘れてしまいそうになる、たいへん魅力的な眺めだ。

見ていると、光る空を背にした崖の上から、黒い人影が一人、また一人と海に飛び込んでいく。村の少年たちだろうか？　たいした勇気だ。

「沖縄の若者はさすがだなぁ！」

小松さんは、大自然に育まれた人々の野性味に触れた気がした。また、素晴らしい眺望にも感動した。

そこで、ロケを終えて宿に戻ってくると、さっそく再び縁側に出てみた。

すると、月明かりに照らされた崖の先端から人影が飛び降りたではないか！

「凄いな！　こっちの人たちは、こんなに夜遅くまで飛び込みをするものなのか……」

それが深夜一一時頃で、この後すぐに彼と阿部さんは床に就いた。

眠っていると、突然、小松さんは胸に重石を乗せられたような息苦しさを感じた。ところが意識が覚醒したのに、全身どこも動かせない。小さな箱に閉じ込められているような感じがした。初めは目すら開けられなかった。これは脳溢血《のういっけつ》か何かの症状で、もしやこのまま死んでしまうのでは？　誰か助けてくれ！

出口を求めて箱の壁を叩きまくる。そんなイメージで、身動きひとつ出来ないまま、小松さんは意識だけでしばらく足掻いた。

大汗をかいて奮闘するうち、ふと首から上の圧迫が解けて目が開き、喉に溜まっていた唸《うな》り声が飛び出した。

「うぐぅ」

ディレクターの阿部さんが気づいてくれたら……。しかし舌が動かず、唸ることしかできなかった。小松さんは獣のように唸りながら、阿部さんの方を向いた。

「……？」

初めは理解できなかった。横を向いたら、目の前に丸みを帯びたものが二つ、同じ布地に包まれていて――。

女の人の膝だ。唸り声を聞いて女将さんが駆けつけてくれたのか、そう思って安心したのもつかの間、次の瞬間、女性の横に小さな子どもが裸足《はだし》で立っていることに気がついた。

「ううううっ！　うううううっ！」

畳を踏んで立つその足の、爪の一つ一つまで確かに見えた。二つか三つの幼児だ。

それに、この女性が穿いているのは、今どき滅多に見かけないモンペだ……。

恐ろしさのあまり、小松さんは目を閉じた。途端に、体が軽くなった。

「たっ、助けてくれぇ！」

「小松さん！　どうしたんですか！」

阿部さんが飛び起きて、部屋の灯りを点けた。

「わぁ！　大丈夫ですか？　凄い汗をかいてますよ」

「み、水……」

「わかりました。起きられますか？　とりあえず、これで汗を拭いてください」

手渡されたバスタオルで汗をぬぐいながら、小松さんはおっかなびっくり室内を見回した。

「戦時中みたいなモンペを穿いた女の人と、裸足の子どもがいたんだよ。阿部ちゃんと僕の布団の間にさ……。体が全然動かせなくなって息も苦しいし、もう死んじゃうんじゃないかと思って……。やぁ、本当に怖かったよ！」

「きっと夢でも見たんですよ。寝てるときに動けなくなるのは金縛りって言って、疲れているとなりやすいそうですよ。早く休みましょう」

そう言われると、寝ぼけて夢を見ただけだという気がしてきた。

「そうだな。……まだ一二時か！　ごめんね。寝入り端に起こしちゃって」

小松さんと阿部さんは、灯りを消して再び布団に入り、すぐに眠ってしまった。


――熟睡しかかっていたところを、凄まじい絶叫に叩き起こされた。

「隣の部屋だ。……モシモシ、どうされましたかぁ？」

阿部さんが壁を叩いて大声で訊ねると、すぐに隣の部屋で寝ていたスタッフ二人が青ざめた顔で飛んできて、口々に言うことには、

「出たんですよ！　モンペを穿いた女と小さな男の子の幽霊が！」

「僕も見ました！　部屋の隅にボーッと立ってました！」

彼らも自分と同じものを見たと知って、小松さんはあらためて背筋を凍らせた。

阿部さんも、もう夢を見たのだとは言わなかった。

「沖縄と言えば、沖縄戦ですからね。島の住人がたくさん犠牲になりましたから……」

隣室のスタッフたちはますます怯えて帰ろうとせず、やがて、誰からともなく部屋の

冷蔵庫から冷えたビールを出してきて、四人で静かに酒盛りをしはじめた。

それが午前一時頃だった。


それから一時間後の二時、二つ隣の部屋で寝ていたスタッフが小松さんたちの部屋に駆け込んできた。親子の幽霊が現れたのだという。

「防空頭巾を被ったお母さんと裸足の男の子が手をつないで宙に浮かんでました！」

――三時。

「親子の幽霊が天井に張りついて、こっちを見おろしてたんですよぉ」

――四時。

「壁をすり抜けて入ってきて、向かい側の壁の中へスッーと……」

――五時。

「女と子どもが窓の方を向いて立ってたんですが、薄くなって消えてしまいました」

みんな小松さんたちの部屋に来て、怖そうに報告しながら飲み会に加わり、だらだらと過ごしているうちに空が白々と明るんできてしまった。

「変わった幽霊だなぁ。一時間おきに出てくるのか？　でも、もう夜明けだよ」

「あとはモデルさんだけですねぇ」

――六時。

「彼女、起きてきませんね。よし、じゃあ、解散!」

それぞれ客室に戻って仮眠を取り、ちゃんと朝の九時頃に集合したというのだから、小松さんをはじめ皆さんタフで感心する。私のような根性なしには務まらない。

彼らが制作したコマーシャルは大成功を収め、沖縄は日本初の南国リゾート地としての地位を確立した。翌年オープンした件のリゾートホテルは、今年(二〇一八年)で創立三五周年を迎える。


結局、女性と子どもを目撃したのはモデルさんを除く八人だった。

防空頭巾を被《かぶ》ってモンペを穿いた女性と裸足の男の子と聞いて思い浮かべるのは、ディレクターの阿部さんが言ったとおり、第二次大戦中の沖縄の悲劇だ。

恩納村の万座毛には、第二次世界大戦時中、戦火に追われた住民がこの崖から飛び降りたという説があるが物証に乏しい。インターネットで公開されているブログなどの多くに「米兵たちに追い詰められて集団自決をした」と書かれているけれど、そもそも沖縄戦における集団自決も日本軍による自殺の強制があったか否かで論争がある。

真相は闇の中。いや、海の中だ。

恩納村の海でスキューバダイビングをしたことがあるダイバーは、防空頭巾をかぶった人々の行列を潜水中に見ることがあるという。

また、崖から飛び降りる幽霊の報告例も、インターネットで検索すると散見できる。

プロデューサーの小松さんは、民宿に到着して間もなくと、就寝前の二回、崖から飛び降りる人たちを目撃したが、翌日、宿の女将さんに話したところ、こんなことを言われたのだという。

「恩納村ぬ海人ぅ、くぬ辺りん居りませんし、あんなところから飛び込んだら死んっししまいますよ！　うりん幽霊やたんのでぇ？」

あるいは自殺者だったのかも……。件の崖から飛び降りて自死する者は多いと言われている。また、二〇一二年に発覚した某連続殺人事件では、そこから飛び降りを強要されて亡くなられた犠牲者がいた。

死者たちの怨念を数多呑んで、尚も万座毛は美しく、潮騒は止むことがない。

牛抱《うしだき》せん夏《せんか》

2010年「稲川淳二の怪談グランプリ2010」にて優勝、女優業と並行して怪談師としての活動を開始。現代怪談から古典怪談まで幅広い演目を披露する。ドラマ、バラエティ、全国各地の怪談ライブを精力的にこなす。単著に『千葉の怖い話　亡霊たちの集い』など。

モーテル

京都出身の田村さんという四十代の男性の体験談である。

田村さんは背が高く身だしなみもきれいで明るい笑顔が特徴的な、誰からも好かれる男性だ。現在は都内でまじめに営業の仕事をしている。ところが昔は不良だったそうだ。

今から二十五年前、中学三年生の頃、かなえさんという女性とつきあいはじめた田村さんは、彼女を連れて京都から滋賀県まで琵琶湖を見に行くことにした。田村さんは先輩からバイクを借りると、無免許ながら彼女を後部座席に乗せて京都を出発した。よく先輩達とバイクで遊びまわっていたので運転には自信があった。かなえさんも嬉しそうに田村さんの腰に腕をまわし、はしゃいでいたそうだ。

京都を出たのは昼過ぎで、琵琶湖が見える頃には夕陽が茜色に染まって、息を飲む美しさだった。「日本の夕陽百選」に選ばれているだけある。雄大な絶景が広がっており、水面には鳥たちが優雅に浮かんでいたという。

到着した後、ふたりで琵琶湖のほとりを歩いた。持ってきたサンドイッチを食べ、再びバイクにまたがると山道へ入って行った。

しばらくバイクを走らせると、どんどんと山が深くなっていく。

(このまままっすぐ帰りたくはない。どこか休めるところはないだろうか)

すっかり陽は落ち、山道は真っ暗になってきた。ここから京都まで戻るにしてもふたりで少し休みたい。休憩できる場所はないかと運転していると道の傍らに古いモーテルが建っているのが見えてきた。ふたりは駐車場にバイクを停めると受付へ向かう。従業員が出てきて、直ぐに部屋へ案内してくれた。

田村さんたちは外階段から、二階の突き当たりの部屋に案内される。

「今日はどなたも泊まってないのでゆっくりして行ってください。何かありましたら内線でお呼びください。私は受付におりますので、お帰りの際はお声掛けくださいね」

そう言うと従業員は階段を下りていった。

ドアを開け中へ入ると、すぐに浴室があり、奥の部屋には左側にベッド、右側にはクローゼットとテレビがある。その手前には小さなテーブルがあり、そこにヘルメットを

置くとベッドに腰を下ろした。途端にエッチな気分になってしまった。しかし、そのことを彼女には悟られないように、

「俺、疲れたから先にシャワー浴びるわ」

そう言って涼しい顔で浴室へ向かう。内心ドキドキしながらも、シャワーを浴び終わると、浴室から出て、バスローブを羽織り、

「お前もシャワー、浴びてこいよ」

かなえさんに声をかけてベッドに横たわった。

彼女はうなずくと浴室へと向かい、しばらくするとシャワーの音が聞こえてきた。この音を聞いた途端、田村さんは猛烈な優越感に浸った。

（俺は自分の力で、女をモーテルに連れこんだんだ）

しかし優越感とは裏腹に、どっと疲れが出てきた。ベッド脇に小さな冷蔵庫があったので、缶チューハイを取り出し飲んでいた。すると急激な眠気が彼を襲う。彼女がシャワーを浴び終わるまで仮眠しようと、枕元の電気を消して目を閉じた。ところが、一瞬で深い眠りに落ちてしまった。

田村さんがハッと目を覚ますと、シャワーの音は止んでいて部屋は静まり返っていた。

「悪ぃ。俺、寝ちゃってた」

枕元の電気を点けて部屋を見渡したが、かなえさんの姿がない。

「あれ？　おーい？」

呼びかけるが彼女からの返事はない。時計を見ると深夜の二時を過ぎている。浴室に行くが灯りは点いておらず、真っ暗になっていた。扉を開けてみたが彼女の姿はなかった。シャワーヘッドから、ぽたぽたと雫《しずく》が滴《したた》り落ちているだけである。

（どこ行ったんだ？　もしかして寝ちゃったから怒って出ていったのかな……でも、こんな山ん中、ひとりで帰れるはずないし）

あれこれ考えていると、突然、クローゼットの中から物音がした。

「なんだ、そこにいたのか。驚かせるつもりか？」

声をかけて、クローゼットの前に立ち、

「俺どのくらい寝てた？　ごめん、疲れちゃってさ」

そう声を掛けて彼女が出てくるのを待っていた。ところが返事はなく代わりにガタガタと中から音が聞こえてくる。

「もうわかったから、出てこいよ」

はじめのうちは可愛い悪戯《いたずら》だと笑っていたが、あまりにもしつこいので、田村さんはだんだんと腹が立ってきた。

「いい加減に出て来いよ」

それでも返事はなく、たまりかねてクローゼットを開けると、そこにかなえさんの姿はなかった。ふと背後に気配を感じる。

ゆっくりと振り返ると、浴室の前に人影が横切るのが見えた。

「……かなえちゃん？」

田村さんの脳裏に、ホラー映画のワンシーンがよぎる。

（どうしよう。もしかしてどこかに殺人鬼が潜んでいて……かなえちゃん、連れ去られたか、もう殺されてしまったんじゃ……）

恐怖のあまり馬鹿なことを、彼は本気で信じてしまった。ベッド脇の電話が目に入ったので飛びつくように受話器を取ると、受付へと繋がる内線を押した。ところが、何度押しても反応がない。

（まさか……従業員も殺されたのか）

猛烈な恐怖のあまりパニックに陥りつつも、同時に頭の片方では考えていた。

(そんなことあるわけがない。外に出て、何もないことを確認すればいいだけだ。きっと落ち着くに違いない)

ドアを開けて、田村さんは部屋の外へ出た。バスローブで裸足《はだし》のまま、外階段をかけ下りる。駐輪場を過ぎ、離れの受付に到着すると何度もドアをノックして呼びかけた。返事はなく田村さんが困っていると、女性の絶叫がモーテルの方から響いてきた。

「かなえちゃん!」

田村さんは来た道を引き返し、二階へと続く外階段を夢中で駆け上がった。外階段の中間あたりまで戻ったとき、階段の上に裸足の足がある。見上げると、全身ずぶ濡れになった見知らぬ女が立っていた。田村さんは驚いて息を飲む。

「私の顔……どうなってる?」

突拍子もなく女が尋ねてくる。田村さんがかける言葉を選んでいると、女の顔はみるみる間に赤紫色に変色していった。どんどん膨れあがり、ひと抱えほどの大きさになると、

「私の顔……どうなってル?」

女は再び同じことを尋ねると、田村さん目掛けて頭から落ちてきた。

田村さんが病院で目を覚ましたのは、それから三日も経ってからだった。モーテルの外階段下に頭から落ちてケガをしていたのだという。

まわりには医者や看護師のほかに刑事が何人かいて、色々なことを根掘り葉掘り聞いてくる。あのバイクはどこで入手したのか、なぜあのモーテルに泊まっていたのか、飲酒のことや無免許運転のことなど大人たちに口々に言われたが、そんなことはどうでも良かった。

「かなえちゃんは？　かなえちゃんは無事ですか？」

田村さんが尋ねると、刑事が首をひねる。

「一緒に泊まっていた子です。目を離した隙にいなくなっちゃって」

君はひとりでモーテルに入ったはずだと刑事は言う。

「え？　いえ、違います。僕は彼女とふたりでモーテルに行きました」

刑事は怪訝な表情で、田村さんの言葉を否定した。受付の従業員の証言に加え、防犯カメラにも「かなえちゃん」の姿は確認できず――田村さんは最初からひとりでバイクに乗り、ひとりでモーテルに泊まっていたのだ。

「かなえちゃん」とは、それ以来会ったことはない。京都三条河原でナンパした子で彼女のことは何も知らなかった。

彼女は本当にいたのだと、今でも田村さんは主張しているが、モーテルの外階段にいた女の正体は——まったく見当もつかないと彼はため息をついた。

夏の雪

小学校で体育の教師をしている田中さんが体験した話。

今から三十年ほど前の夏のこと。大学のダンスサークルで夏休みを使っての合宿が決まった。新潟県の妙高高原で、総勢八十人で借りることになった。

日程は四泊五日。宿に到着すると田中さんは先輩たちと同じ部屋に割り振られた。

その部屋は宿の一番奥の隅にある部屋なのだが、そこはまわりの古い建物と違い、新しく増築されたようで「きれいな部屋でラッキーですね」と先輩たちに声をかけた。田中さんは夕食を済ませると明日から始まる厳しい練習に備え、早めに休むことにした。

部屋には冷房がなく、寝苦しい夜ではあったものの、移動と練習の疲れで先輩たちはすぐに寝息をたてはじめた。ところが、自分はその逆でなかなか寝付けない。

眠れないとなるともう仕方がない。布団に寝転がって天井を見つめながら明日のダンスの振り付けのイメージをして朝を待つことにした。

時刻は二十三時をまわり、隣の部屋だけでなく宿全体も静まり返っている。

皆おとなしく眠っているようだ。

山に囲まれたこの古い宿は東京とはまるきり違い、聞こえてくるのは虫の声のみ。

「まるで時が止まっているみたい」

小さくつぶやいた時だった。部屋の出入り口のドアがカタカタと音を立て始めた。

田中さんは五人部屋の一番端に布団を敷いており、足のすぐ先にはドアがある。

気になって上半身を起こしてドアの方を見る。音はまだ鳴り続けている。

(地震?)

周りを見渡すが、揺れてはいない。ドアだけが鳴っているのだ。その妙な音の原因はわからない。田中さんはドアを見つめながら、ただじっと座っていた。しばらくすると今度はドアノブがゆっくり回りはじめた。

「……誰?」

そう言った瞬間、目の前のドアが開き、冷たい空気が部屋に流れ込んできた。

(な、何?)

ドアの外には——少女が立っている。

おかっぱ頭にスカート姿だということは認識できたが、暗くてよくはわからない。

再び冷たい空気が部屋の中に入ってきた。

そして頬に、微かに冷たい何かが触れる。

それを手で確かめた。

少女の後ろから——雪が部屋に入ってきていた。

（……夏に、雪？）

先ほどまで寝苦しいほどの暑さだったこの部屋は、いつの間にか真冬のように冷え切っていた。少女は、一歩部屋の中へ入ると「お姉ちゃん、そこで何してるの？」と声をかけてきた。その瞬間、ドアの外から白い何かが、勢いよく流れ込んできて少女をなぎ倒した。

「お姉ちゃん、助けて」

微かに少女の声が聞こえた。それと同時に田中さんの意識は途切れた。

翌朝、目を覚ますと先輩たちは先に起きて布団を畳んでおり「お、田中、寝坊したな。朝ご飯抜きね」と嫌味を言われてしまった。宿の外では蝉がやかましく鳴いている。

（昨日は夢を見たんだ。真夏に雪なんて降るわけがないもんな）

そう思い結局、昨日の出来事は誰にも言わずに黙っていることにした。

朝食の前には山の中のコースをランニングすることになっていたので、急いで着替えを済ませ、先輩たちと一緒に宿を出て走り始めた。

宿から百メートルほど進んだ時だった。

どこからか視線を感じ、スピードを緩めてみると、少し先に新しい地蔵がポツンと立っている。田中さんは走りながらも、そっと手を合わせ、先輩たちの後を追いかけた。

ランニングを終えて、朝食の会場の広間へ向かう間も地蔵のことが気になって仕方ない。先輩にはみつからないようにトイレに行くふりをして、この宿の番頭さんに聞いてみた。

すると、はじめは黙っていた番頭さんだったが、昨夜見た少女のことを話した途端、みるみる顔色が変わって涙ぐみながらこう説明しはじめた。

「昨年の冬なんですが、裏山の雪が雪崩《なだれ》を起こしまして。宿の隣に建っていた母屋をつぶしてしまったんです。母屋には、ここの宿のお嬢さんがいまして……風邪で幼稚園を休んで家にいたところを雪崩に巻き込まれまして。かわいそうに、亡くなってしまったんです」

「雪崩……ですか?」

「はい。その場所は新しく建て直しまして。ちょうど一番奥の端の角部屋が、お嬢さんの部屋があったところなんです」

番頭さんは、肩にかけていた手ぬぐいで涙をぬぐう。

その部屋はちょうど田中さんが泊まっている部屋だった。

このことを聞いて昨日の出来事が夢ではなかったと確信した。

そしてなぜ少女が「そこで何をしているの?」と聞いてきたのか理解した。

「ごめんね、あなたの部屋なんだもんね」

裏山にあった地蔵は、少女の供養のために建てられたものらしい。

今でもその宿は現存し、営業を続けている。

ふたつめの鏡

航空自衛隊の訓練所にいた赤井さんの体験談である。

正式な航空自衛官になるには入隊と同時に、寮での集団生活を送るのだそうだ。

赤井さんが入ったのはK駐屯地内にある訓練学校だった。

この基地は、旧陸軍の学校跡地で、歴史も古い。学生はまずここで三ヶ月間の基礎訓練を受けることになる。二百人が一緒に寝泊まりをする集団生活で、規則はとても厳しい。

「全ては国民の税金でできている。糸一本でも勝手に捨てたら殺す」

常に上官から言われていた。

訓練校は、一階に教官や中隊長の部屋、帰還隊員の事務所があり、学生達の部屋は二階で、一部屋に五人以上で寝泊まりをしている。洗面所は宿舎と同じ並びにあり、ここも丁寧に掃除することが義務付けられていた。掃除のルールも厳しく、鏡に歯磨き粉の泡一粒でも汚れが見つかったら罰則を受けることになる。訓練生達は皆、毎日必死で掃除をしていた。

ところが一ヶ所だけ「絶対に掃除をしてはいけない」と言われている場所がある。

それは洗面所の手前からふたつめの洗面台の鏡だった。この鏡だけは、決して掃除してはいけないと入隊時から帰還隊員に厳しく言われていた。それどころか触れることさえも禁止されていた。何でもこの鏡の裏には、昔からお札が貼ってあるという噂があるのだが、なぜそこに貼られているのかは誰も知らなかった。

ある時、赤井さんと同じ班の森操行補士が、ロッカーの鍵を無くしてしまった。

糸一本捨てても罰則のある自衛隊だ。鍵を無くすことはもはや事件である。

その日、訓練を終え二十二時の消灯時間が迫っていた。皆やっとこれから休もうという時だった。

「非常呼集。非常呼集。全員グラウンドに集合！」

アナウンスが流れ、赤井さんも急いでグラウンドに向かった。

一人のミスは連帯責任である。森操行補士のミスの為に班の全員が夜のグラウンドに集められ、この後何十周も走らされるはめになってしまった。

森操行補士のミスはこれだけでは終わらなかった。

幾度となくミスを犯し、その都度班の隊員は連帯責任を負わされ、皆の森操行補士に対する不満は日に日に増していった。

そんな中、赤井さんだけは彼のことを気にかけていた。

「一緒に頑張ろう！」

しかし、ミスの多い森操行補士には、皆よりも更に厳しい罰則が待っていた。

グラウンドを何十週も走った後で、一人で腕立て伏せを百回休まずにやる。

「声を出せ！」

「はい！　七十三、七十四、七十五、七十六……」

「休むな！」

「はいっ！　八十五……八十六……アアアアアアアアア！」

廊下中に絶叫が響き渡る。やがて森操行補士は過呼吸を起こした。

いつしか森操行補士は、赤井さん達とは違う一階の個別部屋へと移動していた。そして訓練にも姿を現さなくなった。

ある夜、赤井さんは消灯後にトイレに行くために部屋を抜け出した。トイレに行く途中、洗面室の前を横切った時だった。暗い洗面室の中に、ふと人の気配を感じ、中を覗いてみると、手前からふたつ目の、あのお札の貼ってあるという噂のある鏡の前に、緑色の制服を着た男が鏡に向かって敬礼している姿があった。

（うわ、出た！　ゆ、幽霊だ！）

赤井さんは気を失いそうになるほど驚いた。するとその敬礼をしていた男が「赤井操行補士？」と話しかけてきた。

「――えッ？」

闇の中に立っていたのは森操行補士だった。

「森操行補士？　何してるんですかそこで」

「何って、話をしていたんですよ。僕にはわかりましたよ。赤井操行補士」

そう言うと森操行補士は「にっ」と笑って暗い階段を下りて一階へ消えて行った。

翌日、赤井さんは森操行補士が訓練所を辞めたということを知った。

その夜、赤井さんは消灯時間が過ぎてもなかなか寝付けなかった。そして、夜中の二時をまわった頃だった。ガチャと、ドアノブを回す音がして、赤井さんは飛び起きた。ドアを開け廊下を見たが誰もいない。不審には思ったものの、ちょうどいいやとそのままトイレへと向かった。そして洗面室の前を横切ろうとすると、昨夜と同じように洗面室の中に人の気配を感じる。覗くと手前からふたつ目のあの鏡の前に、敬礼をした制服姿の男が立っている。それは、辞めたはずの森操行補士の姿だった。

「森操行補士。辞めたんじゃなかったんですか」

「……なぜここにお札が貼ってあるか、あなたにはわかりますか？」

森操行補士は赤井さんの言葉には答えずにそう言うと、笑って暗い階段を下りて一階へと消えて行った。

それきり森操行補士が姿を現すことはなかった。

随分経ってからわかったことだが、森操行補士は訓練所を辞めて行く際、教官から、

「辞める前に世話になった皆に何か言いたいことはないか」

そう聞かれた際、こう答えたのだそうだ。

「全員、ぶっ殺してやりたいです」

しばらくして森操行補士の声が聞きたくなり電話をかけた。

（あれ？　使われてないや。番号変わったのかな。別の仲間に聞いてみよう）

現在現役で自衛官をしているという友人に電話をして、彼が学校を辞めた日に自ら命を絶ったことがわかった。

しかし、赤井さんは森操行補士にはあの翌日に会っている。

森操行補士は全員を殺したいと叫びながら学校を去っていった。

自らの命を絶った後で、赤井さんに何を伝えたかったのだろうか。


あのお札の貼ってあると言われていた洗面所の鏡だが、つい最近になって取り壊されたのだそうだ。代々誰も触れることのなかった鏡だったが、実際に鏡を外してみると、その裏側にはお札など一枚も貼られていなかったのだそうだ。

社長さん

ゆりさんは下町の小さな個人経営のスナックで、ホステスとして働いている。

このスナックには毎日来る常連客も多く、地元の人気店なのだそうだ。

店を経営している社長は、毎日のように顔を出し、客に挨拶をしたり従業員に気遣いの言葉をかけていて、皆から大変好かれていた。

怒ると怖いらしいがふだんは優しくて、雨が降ったりすると閉店後にホステスさんたちを車で順番に家まで送って行ってくれたりしていた。

歳は七十を超えるおじいさん社長で、しわくちゃの顔。大きな目にメガネをかけ、いつも白い開襟シャツを着ている。頬が少しだけ赤くて愛嬌のある表情なのだそうだ。

店が暇な時には常連客の席に座って楽しそうに会話をしていた。

ところが、ある時からぱったりと姿を現さなくなってしまった。理由は誰も知らない。

社長がいない間は、ゆりさんと別のホステスのくみさんとで、店の開け閉めを任せられていた。

数日経ってから、社長が入院していたことを知らされた。

さらに数週間後、一時退院した社長はすぐ店に顔を出したのだが、ゆりさんたちはその姿を見て言葉を失った。

社長はガリガリに痩せ細っていて、顔は薬の副作用のためかパンパンに膨れていた。

それでも従業員たちのことを気にして店までやってきたのだ。

病院に戻るまで、社長は毎日店に顔を出し続けた。

ところが病院に戻って数日後、社長の息子さんが店に来て、社長が亡くなったことを知らされた。

亡くなる直前まで店のことを気にかけていたという。

数日間は店を閉めていたが、再び開けることになった。

社長を慕っていた常連達も集まってきて、普段通りに店は回転しはじめた。

そんなある日、店内が混み合っていたのだが、一テーブルだけ空席があった。ゆりさんがトイレに立った客のためにおしぼりを用意しようとした時だった。

客席のどこかから、何か妙な気配を感じた。

（なんだろう？）

見ると――誰もいないテーブルの席に、社長が座っている。

その席は、いつも常連客と社長が座っておしゃべりをする席だった。

社長は立ち上がると、やはり誰もいない席に向かってかるく会釈し、空間にすっと消えていった。

ゆりさんは怖いという感覚はなかった。

（――社長はまだ店で働いているんだ）


それから数日が経ち、ゆりさんは閉店後に、同僚のくみさんと食事をしてから帰ることにした。

食事中、会話に夢中になっていたふたりは、店を出た後も、くみさんの車が停めてあるコインパーキングの前で座り込んで話をしていた。

くみさんはパーキングに体育座りをして、ゆりさんは道路に背を向けて立っていた。

ふと時計を見ると、深夜一時をまわっている。

「わー、もうこんな時間だよ。そろそろ帰ろうか」

ゆりさんがそう言ったときだった。くみさんはゆりさんの後ろを見て、

「あれっ？」

「どうしたの？」

「社長だ……」

「や、やめてよ。そんなわけないじゃん」

ゆりさんは店での出来事を思い出し、背筋が寒くなるのを感じた。

ところがくみさんには霊感があるということを以前から知っていた。

「ほら見て。こっち来るよ。社長、車に乗ってる」

くみさんは目を見開いてつぶやいた。

ゆりさんにとっても大好きな社長ではあったが、さすがに怖かった。それでも見ろと言われれば見てしまう。恐る恐る振り返ると一台の車がゆっくりと、こちらに近づいて来るのがわかった。

それは見覚えのある車だった。何度も送ってもらったし、色も形も社長の車そのもの

だった。車はパーキングの方へゆっくりと近づいて来る。そのパーキングは大通りから少し入った場所に位置し、ふだんは車の通りも多いのだが、この時は不思議なことに他の車は全く来なかった。

社長の車は、やがてゆりさんたちのすぐ目の前まで来た。

「社長」

「うん。社長だね」

運転席に、他の誰でもない、社長の姿があった。見覚えのあるしわくちゃの顔。大きな目にメガネをかけ、いつものシャツを着ている。頬が少しだけ赤く――。

いや、違う。明らかに違っていたのは顔色だった。異様に真っ青で無表情だった。そして、ハンドルを握りしめ、ゆりさん達のことを、じっと見て曲がり角を曲がって行った。

「社長が死んだなんて、嘘なんじゃないの？」

ゆりさんは咄嗟《とっさ》に叫んでいたが、そんなはずはなかった。二人とも、葬儀に参列し、棺の中に眠る社長の姿を見たのだから――。

その翌日、店の閉店が決まった。
社長は最後までゆりさん達を心配して、最期の挨拶に来たのかもしれない。

狐橋

主婦のまさみさんの生まれ故郷は、長野県の野沢温泉村だ。

野沢温泉村の中心地は温泉とスキーで人気の観光名所になっていて、冬になると全国各地からたくさんの観光客が訪れる。この野沢温泉村というのはかなり広く、中心地から外れると辺りは山や田畑しかない、淋しい場所だった。まさみさんが生まれ育ったのは、温泉街からかなり離れた場所にある小さな集落で、家の裏には山が連なっている。家の前からは千曲川が見え、村のどの場所にいても川の音が常に聞こえている。このあたりは湿気が少なく、春、夏、秋は大変過ごしやすい場所だ。しかし、冬になるとかなりの雪が降って学生達は夏休みより冬休みの期間の方が長くなる。

これはそんな雪国で、まさみさんが小学四年生の時に体験した不思議なできごとだ。

今から五十年ほど前の冬。

まさみさんのふたつ上の姉が、盲腸で入院をすることになった。

この間、まさみさんの母親は、姉につきっきりで病院で寝泊まりをしていたので、家に残された末っ子のまさみさんは淋しくてたまらなかった。

午前中で学校が終わったある日のこと。まさみさんは帰宅するなり台所へと向かった。

まさみさんは慣れない手つきで、まな板と包丁を用意すると、さつまいもを切って油を入れたフライパンに放り込んでいった。母が作っていた時の様子を思い出しながら作った。

出来上がったさつまいもの天ぷらを新聞紙にくるむと、籠《かご》に入れ厚手の半纏《はんてん》を羽織《はお》って病院へ行くことにした。自ら歩いてきたうえに、自分で揚げた天ぷらをお土産にしたら、母ちゃんも姉ちゃんも喜んでくれるに違いない。そう思っての行動だった。

家を出たのは夕方の四時過ぎだった。

外はまだ明るく、雪はあがって青い空が広がっていた。小さな足で、一歩一歩雪を踏みしめながら病院へと向かう。病院のある中心地、温泉街へ行くには大人の足でも徒歩で二時間はかかる。ただし、晴れていればの話だ。

この時、雪は降っていなかったものの、前日まで降り積もっていた雪のせいで足場が悪く、なかなか早く歩くことができなかった。

それでも会いに行きたい。まさみさんは雪の上を進んで行った。

田んぼを抜け、馬頭観音のある御宮様を通り過ぎ、タバコ屋さんの前を通った時、油揚げが売られている。

(そうだ！ 明日、かあちゃんと一緒においなりさん作ろう)

持っていた小銭を取り出し、油揚げを購入する。

それを籠に入れて、村の外れまで来ると温泉街へ向かう道路に出た。

この道にさしかかった頃から急に辺りが灰色になってきた。

(降ってくる)

まさみさんは、病院のある温泉村の道へ進んでいった。

しばらくすると、予想は的中し、ちらちらと空から雪の粒が落ちて来た。

鼻歌を歌いながら雪を踏み、ひたすら病院を目指す。

雪国は天気が変わりやすい。

家を出た時は晴れていたのに、二股の道に入ってしばらくした時にはあっという間に辺りが灰色になっていた。夕方でも雪が降ると景色が灰色になるのだ。

薄暗いひと気のない道を歩いていたまさみさんは、段々と心細くなっていた。

今、歩いている道の途中にある橋には、昔から奇妙な噂があった。

あの橋の左側の川に河童がいる、あの川に架かっている小さな橋に下駄を履いて赤ん坊を抱いた霊が現れる、と色々な話を聞いていた。

（ああ。もう少しであの橋だ）

心臓がバクバク音を立てる。

雪はとめどなく降り積もってゆく。足はもつれ視界が狭まっていく中、まさみさんは必死で歩き続けた。

雪が降ると、世界から音が消えたような錯覚に陥るほど辺りは静かになる。

聞こえるのは雪を踏みしめる自分の足音だけ。冷たい雪がズボンと長靴の間に入り込んで来て足の感覚も鈍ってくる。

やがて、河童や母子の幽霊が出るという噂の橋が目の前に現れて、心細さと恐怖でまさみさんは気を失いそうになっていた。

恐る恐る橋に近づいて行くと、前方からザクザクと黒い物体がこちらに向かってくるのが見えてきた。

恐ろしさのあまりその場に立ち止まってしまった。

その黒い物体とすれ違う瞬間、目を向けると、それは男の人だった。

(なあんだ。おじさんか)

男の人とすれ違うと、すぐに後ろを振り向いた。ところが今すれ違ったばかりのおじさんの足跡は、降る雪で既にかき消されていて姿ももう見えなかった。

おじさんと橋の近くですれ違ったので、気がついた時にはもう河童や幽霊の出る場所は通り過ぎていた。

雪は容赦なく降り続け、まさみさんは山の中を一人で歩き続けた。

そして、ようやく山道を抜け、温泉街の灯りが見えてきた。

(良かったぁ)

安堵して自分の母と姉がいる病院を見つけた時には、嬉しさのあまり「きゃー」と叫び声をあげていた。病室に入ると、母も姉もたいそう驚き、まさみさんは褒められた。

「よく来たなぁ。偉いなぁ」

母の言葉で、先ほどまでの不安な気持ちは消え去り、嬉しくてたまらなかった。背中に背負ってきた籠をおろし「天ぷら作ってきた」と言うと、益々褒められた。

「母ちゃん、明日帰ったら一緒においなりさん作ろう！　油揚げ買って……あれ？」

籠の中から、持って来た天ぷらと油揚げを出そうとしたとき、一瞬何が起こったのかわからなかった。新聞でくるんできた天ぷらは確かにあるのに、タバコ屋さんで買ったはずの油揚げがどこにもないのだ。

道の途中で転んだわけでもなく、籠に大きな穴があいているわけでもない。

「もう一回よく見てみたら」

母の言葉で籠の中を見てみても、油揚げはどこにもなかった。

何故か籠には表にも底にもびっしりと何かの毛が付いていた。

「かあちゃん、何かついてる」

母はじっとその毛を見た後こう言った。

「狐だな。狐の毛だ」

まさみさんの背負ってきた籠には、びっしりと狐の毛がこびりついていたのだ。

そしてどういうわけか天ぷらは残っており、油揚げだけが姿を消していた。

「あの橋、通ってきたんか？」

「うん」

「帰りにあそこに寄ってお参りしていこうな。お稲荷さんあるから」

まさみさんには母の言うことがさっぱりわからなかったが、大人になってから思い返してみると、あの橋ですれ違ったのはおじさんではなく、ひょっとしたら狐だったのかもしれないと感じている。

病院からの帰り道、まさみさんは母とあの橋のそばにあるお稲荷さんで手を合わせてから家まで戻ったそうだ。

霊園

タレントのAさんは番組の企画で、心霊スポットに行くことになった。

同行するNさんは、現地でのレポーターを任されていた。

心霊スポットと言えば、東京から車で何時間もかけて森やトンネルに行くことが殆どだが、この番組では東京都内の心霊スポット巡りをすることになっていた。

出演者はAさんの他に、ジャーナリストや女優、グラビアアイドルやお笑い芸人と、多様なメンバーがキャスティングされていた。番組はもともとバラエティで、この回は夏の特番として構成が組まれることになり、和気あいあいとした雰囲気の中、収録は始まった。

収録は、甘味屋さんでかき氷を食べるところから、開始される。

普段は畑の違うところで仕事をしている出演者たちだったが、それが逆に良かったのかすぐに全員が打ち解けて良い雰囲気となっていた。ただ、この番組は心霊スポット巡りだ。この後、実際に現地へ行くと思うと、霊感の強いAさんは何となく気分が沈んでいた。

甘味屋さんを出た後は、すぐにロケバスの車内で撮影が開始された。

車内では心霊写真の解説やコメント撮り、自身の体験談などを順番に話していく。

しだいに日も暮れ、ようやく心霊番組らしくなってきた。

これから何カ所かを巡るのだが、全員で現場に行くのではなく、番組のメイン司会者であるジャーナリストのSさんと、他の出演者が一人ずつ着いて行くという形式だった。

そしていくつかあるうちの目的地のひとつを何人かでまわった後、再び車内に戻ってきて、お笑い芸人のNさんが怪談を語り始める。ロケバスは次の目的地を目指して動きだす。

Nさんの話は、とあるカップルの実体験だった。

ある時、そのカップルがホテルに宿泊すると、何者かが窓を叩く音がする。

知らぬふりをしていると、やはり何者かが窓を叩いてくる。

何がイヤって、この部屋二階にあるんです。人間が窓叩けるはずがないんですよ――。

こんな内容の話をNさんはしていた。

その語りを聞いている中盤でどこからともなく、鐘の音が聞こえてくることにAさんは気がついた。それは脳内にダイレクトに聞こえてくるような不思議な音だった。話をしている間、鐘の音は鳴り続けている。もし仮にどこかから聞こえてくるのであれば、ずっと同じ音量で聞こえてくるはずはない。車は走り続けているからだ。

そして、Nさんは話の最後でこう言った。

「翌朝そのホテルの窓開けてみたら、びっしりお墓が建っていたんですって。どうやらお寺の一角だったみたいなんです」

Aさんはそれを聞いて、納得した。やはりそういうことだったのかと。この鐘の音は、他の誰にも聞こえていなかったようで、Nさんの怪談が終わると同時に鳴りやんだ。

(今日は、バッチリ波長が合ってしまう日だな)

Aさんは嫌な予感がしていた。彼女は霊能者ではなく、日常的に霊が見えっぱなしということでもなかったのだが、実は非常に怖がりなのだ。しかし一度この〝波長〟が合ってしまうと、続々と見えたくもないものが見えてしまうようになるという。先ほどの鐘の音を聞いた時(ああ、始まってしまった)と覚悟を決めていた。

この後は車内で夕食を食べたり、心霊写真コーナーの話になり、しばらくは外には出ずに車内での収録が続く。

深夜二時に、この番組最後の目的地である都内で最も有名な心霊スポットと言われている霊園に到着した。

この収録で下車するのは、グラビアアイドルのHさんとお笑い芸人のNさんだった。Aさんと女優のYさんはロケバスで待機をすることになった。出演者、スタッフ達が墓地へ向かい、待機組のAさん達は墓地と墓地の間にある車道に停めた車内で待つことになった。

この墓地周辺にはこんな話がある。

タクシー運転手が深夜このあたりにさしかかると、女性が手をあげて立っている。その女性を乗せて「どちらまで？」と聞くが返事がない。

不審に思いバックミラーを見ると、誰も乗っていなかった――。

こんな類の話が多く、タクシーの運転手達は深夜、この辺りを走ることを嫌がるそうだ。ありがちな話ではあるが、Aさんはこの場所へ来たくはなかった。

収録は夕方から続き、時間も時間だったので疲れも溜まりだしていた。だんだんと恐怖感は薄れていき、それよりも眠気の方が強くなっていた。

車内にはAさんの他に女優のYさんと女性スタッフ一名、ドライバーが残っていた。

「Aさん、Yさん、少し休んでいてください。しばらくカメラも止めますから」

スタッフが気を利かせて、Aさんたちは休むことにした。

夕方からカメラが回りっぱなしでオフの時間がなかったため「休んでください」の言葉でどっと疲れが出てしまった。ドライバーさんは仮眠をとっていたが、Aさん達はまだこの後も撮影が残っているので目は閉じていても起きていた。

それから数分後、突然、ピシッと空気が変わったのを感じてAさんは顔をあげた。

車内に異様な空気が立ち込めている。

スタッフは今まで撮影したビデオカメラをチェックしていて女優のYさんは目を閉じていた。

(なんだろう?この感じ)

Aさんはゆっくりと、周囲を確認した。そしてすぐに「うわぁっ！」と悲鳴をあげる。

目の前の車のフロントガラスに——女が貼り付いている。

「なんですかっ！」

スタッフは慌ててカメラを回し始めた。

フロントガラスに、真っ白な顔をした女が貼り付いて、中の様子を伺っているのがAさんにははっきりと見えている。彫りが深く、エラの張った顔で髪はセミロングだ。目は洞穴のように真っ黒である。おまけに女は赤ん坊を抱きかかえている。その赤ん坊は——首だけを不自然に、グニャリとこちらに向けた状態で中を見ていた。

なにやっているんだろう、とでも言いた気な様子で母子は車内を覗き込んでいた。

Aさんは、女がガラスに貼り付いていると思ったのだが、どう考えてもボンネットがあるからそんな場所に顔があるはずがない。

この女は、半分体が車に入り込んでいることがわかった。

(どうしよう、どうしたらいいんだろう?)

そう思って見ていると、女がAさんの顔をジロリと見た。どうやらAさんが視えていることに気がついたようだった。

Aさんはすぐさま目を逸らした。スタッフが「まだいますか?」と尋ねてきたので、もう一度見ると女はAさんを睨みつけ——目を逸らさない。

「すいません! ちょっとつかまったかもしれません! 車、少し移動してください」

Aさんはドライバーさんを揺り起こし、停車位置を変えてもらうことにした。

その直後、ロケ組が車に戻って来た。

すぐに車に乗り込んで来るメンバーに声をかけた。

「今さっき女と赤ん坊の霊が現れたから、まだその辺にいるかもしれないです」

すると、霊感のあるグラドルのHさんが辺りを見て「今、いないみたいよ」とつぶやいた。

Aさんはほっとして椅子に座り直した。その時、Aさんの右側の窓ガラスに、何かが横ぎった。恐る恐る窓を見ると、すぐ目の前の窓ガラスに先ほどの女が貼りついていた。

その瞬間、Aさんは気を失ってしまった。


気がつくと、夕方収録前に集合した場所に戻って来ていた。

うっすらと夜が明け始め、墓地からも離れたので、Aさんの心もやっと落ち着きをとりもどしていた。日の光というものは本当に安心するものなのだと改めて感じた。

「みなさまお疲れ様でした。忘れ物ないようにお願いします！」

スタッフの声で車を降り、解散することになった。

（今日はゆっくり休もう……）と車を降りる瞬間、何気なく前を見る。

女はまだ、フロントガラスに貼り付いていた。

引っ越し

ゆりさんの親友、まきさんは霊感が強くこどもの頃から数え切れないほど不思議な体験をしてきた。家族も揃って霊感が強いらしく、そのことが原因で何度も引っ越しを繰り返している。最初に住んでいた家などでは、母親がリビングで「ああ……また来ているわ」とよく頭を抱えていたそうだ。

まきさんが結婚して妊娠したころ、ご主人とアパートで暮らしていた。

しばらくは何も起こらず幸せに暮らしていたのだが、この近所には幼稚園も保育所もなく、こどもが五歳になると再び引っ越しをした。新居の近くの保育所はマンションの一室にある小さなところだった。一階の玄関ホールを入って左側に保育所があり、右側は集会所になっている。玄関ホールと給湯室は共有スペースになっていた。

ある日、保育所で行事が行われることになり、まきさんも手伝いをすることになった。給湯室へ行くと喪服姿の女性がいるのを見て不思議に思い、近くにいた先生に聞いてみた。

「今日、お向かいで何かあるんですか?」

「マンションの住人さんが亡くなったらしくてお葬式みたいです」

(こんなマンションの一室でお葬式なんて)

なんとなく良い気分はしなかった。

給湯室から保育所へ戻ると、娘さんが部屋の隅に立ち、まきさんをじっと見つめている。

「どうしたの?」

すると娘さんはささやくような声で「ママ、おじさんが寝ている。箱の上で白い服を着て寝ているんだよ。お顔に白いハンカチのせてるの」と言った。

「どこに?」と聞くと、娘さんが「あっち」と指差した方角を見てぎょっとした。

娘さんが指さしているのは向かいのマンションだ。

保育所からは壁のせいで、向かいは見えない構造になっている。

娘は向かいのマンションへ入ったこともない。

まだ幼い娘さんは葬式に参加したこともない。

祭壇や仏様を見たことすらないはずである。

「よ、よく知ってるね」

まきさんは娘さんを不安がらせないように、あえて平静を装って答えた。

帰り際にふたたび先生に聞くと、亡くなったのは中年の男性だということがわかった。

まきさんは（この子、見えるんだ）と我が子を気の毒に思った。

その夜、まきさんがお風呂に入っていた時、先にあがっていた娘さんが浴室に戻ってきて、ガラス越しに「ママ」と声をかけてきた。

「はい。もうちょっと待っててね。髪の毛洗ったらあがるから」

「ママ、おじさんがいるよ」

一瞬、不審者が侵入してきたかと思った。

「幼稚園にいたおじさんだよ。テレビの所に立ってるよ」

娘さんはどうやら霊感が強いようだが、自分が霊を見ているということには気付かず見たままのことを言っているようだった。


それから娘さんの行動は日に日にエスカレートしていった。

幼稚園に行くたびに個室に鍵をかけ、誰かとひそひそ話をしたり、誰もいない場所に声をかけたり。先生達もその姿を頻繁に目撃するようになった。まきさんはその保育所に通うようになってから、毎日のように霊体験に悩ませられるようになった。

ある時、まきさんはふとマンションの裏側が気になり、ひとりで裏側へ回り込んでみた。そこには一面の墓が広がっていた。

通っていたその保育所は、まるで霊の住家のような状態になっていたのだ。


その後、まきさんはふたたび引っ越しを決意し、今度は賃貸ではなく、M駅前の一軒家を購入し、生涯その家で暮らすことを心に決めた。このことを聞いたゆりさんは嫌な予感がしていた。まきさんが一軒家を購入したM駅では、かつて大きな列車事故があり、多くの犠牲者を出した場所で有名だった。

ゆりさんも何度かM駅付近を通ったことがあるのだが、通る度に湿った重たい空気の漂う場所だと感じていた。

「もっと別な場所が良いんじゃない？」

ゆりさんは提案したが、まきさんは結局その一軒家を購入した。

それからふたりはしばらく会っていなかったのだが、まきさんの様子が気になっていたゆりさんは、初めてまきさんの家を訪れた。玄関先で迎え入れてくれた彼女の表情は暗く疲れ切っていた。

「まき、大丈夫？」

ゆりさんが心配して聞くと、まきさんは青白い顔をして、

「全然大丈夫じゃない。この家毎日誰かいる。でも、もうどうすることもできないよ。ここで一生暮らすって決めたんだから」

その時、廊下から娘さんの声が聞こえてきた。

「ママ、また来てるよ、お姉さん。階段のところに立ってるよ」

内藤《ないとう》駆《かける》

ホラー映画、ホラーゲーム、怖い話（実話、創作共に）、怖い絵と夜のランニングが好きな専門学校生。今回、書き溜めた実話怪談を編集部に持ち込み拾われた。

お習字

老人ホームで働いている介護士の立花さんから聞いた話。

彼女の勤めるホームでは、よくレクリエーションでお習字をやる。

少々、認知症気味の入所者さんでも、筆を持たせると素晴らしくキレイな字を書く方が多いという。

そんな中でも群を抜いてキレイな字を書く、近藤さんというおばあさんがいた。

「近藤さん、すごくキレイな字ですね。まるでお習字の先生みたい」

立花さんが褒めると、近藤さんは「何の取り柄も無い私が唯一、自慢出来ることね」

と恥ずかしそうに言った。

「あれ、近藤さんの下のお名前は、小百合さんでしたよね？」

近藤さんが書いた字の左側の名前は、「近藤多江」となっていた。

立花さんがそれを指摘すると、近藤さんの顔から笑みが消えた。

近藤さんは何も言わずに半紙にもう一度字を書く。そして今度は名前を「近藤小百合」と入れた。

と、突然その半紙に朱色のバッテンがいくつも滲《にじ》み出るようにして現れた。

「なんですか、このバッテンは……」

驚いた立花さんに近藤さんが言った。

「子供の頃の友達に多江ちゃんという女の子がいてね、その子はとてもお習字がうまかったの。私、それを妬《ねた》んで彼女に凄く酷いことしちゃったの」

それ以来、習字で近藤小百合と普通に自分の名前を書くと、その半紙に大量のバッテンが浮かび上がるのだという。

いろいろ試した結果、自分のフルネームを入れなければバッテンも現れないことがわかったらしい。

「多江ちゃん、まだ怒っているのね」

近藤さんが昔、多江さんにどんな酷いことをしたのか知りたかったが、悲しそうにうつむく彼女を見て立花さんはそれを聞くことが出来なかった。

シャンプー

北上さんは長らく地方の実家住まいであったが、会社の都合で異動となり、東京で一人暮らしをすることになった。

会社が用意してくれたのは、少々古いがわりとおしゃれなマンションだった。

荷物の整理がひと段落ついた後、彼女は引っ越しの疲れを癒そうと、初めてそのマンションのお風呂に入った。

バスルーム内の鏡の前に座り、髪の毛を洗っている時だった。

突然、北上さんの背後から何かがスッと伸びてきて、髪と髪を洗う手に触れた。

「ヒャッ！」

北上さんは大声で叫んだが、恐怖で体が動かず、泡まみれの頭で硬直したように座っていた。

どうやら髪を触っているのは、二本の手のようだった。

怖くて目をつぶったままだったが、自分の手や頭皮に触れた感覚から、指の細い女性のものだと確信した。

女性の手は、そのまま北上さんの髪の毛を洗い始めた。

その洗い方は驚くほど手慣れた手つきでとても上手く、優しかった。

北上さんは先ほどまでの恐怖心を忘れ、異常な状況にも関わらずリラックスして背後にいる謎の女性の洗髪に身を任せていた。

そしてしばらくするとトントンと肩を叩かれた。

終了の合図だった。

北上さんは思い切って後ろを振り向いたが、誰もいなかった。

北上さんはシャワーで頭をすすぎながら、

「なんか上手い美容院でシャンプーしてもらったみたいで得しちゃった、意外な同居人がいたものね……」などと最初の恐怖心を完全に忘れていた。

次の日から、風呂に入ると必ず背後の女性が北上さんの髪の毛を洗ってくれるようになった。

北上さんは背後の女性のことを「美容師さん」と呼ぶことにした。

美容師さんに洗って貰うと髪の汚れだけではなく、一日の疲れまでもがきれいサッパリ洗い流されていく。

さらに美容師さんにシャンプーをしてもらうようになってから、明らかに北上さんの髪質が良くなった。

髪の艶もサラサラ感も、以前の比ではない。自然、彼氏や友達に褒められることが増えた。

もはや美容師さんは怖い存在ではなく、ありがたい同居人だった。

ただ北上さんは自分の中でルールを作った。

それは美容師さんに洗髪してもらっている間は、絶対に目を開けないこと。

それを破ったら、何か恐ろしいことが起きそうだと思ったからだ。

北上さんが新しいマンションに引っ越して、半年が過ぎたある夜のことだった。

その日は、仕事が上手くいかなかった上に彼氏と些細なことでケンカをしてしまい、すこぶる機嫌が悪かった。

風呂に入り、濡れた髪の毛にシャンプーをつけていると、いつものように美容師さんの優しい手が伸びてきた。

しかし、その日の北上さんにはそれがどうにも煩《わずら》わしく感じられ、マンションに住んでから初めて美容師さんの手を払いのけた。

「今日は、自分でやるから！」

そう言って久しぶりに自分で髪の毛を洗い始めた。

しばらくの間、バスルーム内は静かだった。

が、突如背後に物凄い威圧的な視線を感じた。

危険を察した北上さんは、とっさに後ろを振り向こうとしたが、その前に頭頂部をガシッと鷲《わし》づかみにされた。

今までの優しい手ではない。もっと巨大でゴツい、男の手だと感じた。

頭をつかんだ手はそのまま北上さんを持ち上げていく。風呂椅子から尻が浮き、慌てていた膝《ひざ》も浮き上がる。

はっと目を開け鏡を見るが、背後には誰もいない。ただ全裸の彼女が中途半端な姿勢で浮いている姿が映るのみだった。

「なによ、そんなに怒ることないじゃない！て言うかこれが裸の女にする仕打ち？」

錯乱した北上さんが大きな叫び声をあげようとすると、首の後ろから見えない両手がスルリと伸びてきて口を塞いだ。

それはいつもの美容師さんの手だと悟った。

（同居していたのは美容師さん一人だけじゃなかったってこと⁉）

危機的な状況にも関わらず、北上さんは別なところで驚いていた。

（ごめんなさい、いつもお世話になっているのにごめんなさい‼）

北上さんは心の中で必死に謝った。

すると頭をつかんでいた手の力がゆるみ、北上さんをゆっくりと椅子に座らせた。

同時に口を塞いでいた美容師さんの手も、後ろに消えた。

北上さんはしばらく呆然としていたが、我にかえるとサッサと髪の毛や身体を洗い、すぐにバスルームから出た。

洗面所で髪の毛にドライヤーかけている間に頭を掴まれた感覚が戻ってきた。

そこで初めて恐怖心が込み上げてきて北沢さんは泣いた。

その時、

トントントントンッ、と軽い足音。

続いて、

ドンドンドンドンッ、と重い足音。

二つの違う足音が玄関のほうへ去って行くのが聞こえた。

「やっぱり二人いたんだ……」

北沢さんは涙を拭いながらひとりごちた。

その日以降、バスルームに美容師さんの手は現れなくなった。

トイレ

児玉さんが小学校低学年の時、地元の総合病院で体験した話。

当時、児玉さんのおばあさんは総合病院に定期的に通院していた。

いつもは児玉さんの母親が付き添いで病院に行っていたが、その日はたまたま忙しく、児玉さんが一緒に付いて行った。

院内は子供の児玉さんにとってやたらと広く薄暗く、そして薄気味悪く感じた。

待合の席で待っていると、おばあさんが呼ばれた。

おばあさんは児玉さんにお金を渡すと、「ジュースでも飲んで待ってなさい」と優しく言って診察室に入って行った。

児玉さんは喜んで自販機コーナーに向かったが、まずは先にトイレに行くことにした。

トイレ内はさらに暗くじめじめしており、便器は全て和式だった。

児玉さんは個室に入るとカギをかけ、用を足すためにしゃがんだ。

その時、壁に見慣れないボタンと説明書きが付いていた。

[気分のすぐれない方や体調が悪くなった方は押してください]

それはナースコールのボタンだった。

児玉さんはそれを衝動的に押してしまった。

すぐに足音が聞こえて誰かが個室に向かってきた。

外から鍵を開けながら、「大丈夫ですか〜?」という女性の声が聞こえた。

個室のドアが開くと年配の女性看護師が立っていた。

何が起こったのかわからずに、児玉さんがしゃがんだままキョトンとしていると、

「あ〜、間違えて押しちゃったのね。もう押しちゃだめよ、あと鍵もかけて」と看護師は笑いながらドアを閉めて去って行った。

「押しちゃいけなかったんだ……」

児玉さんはそう呟くとドアの鍵をかけ、改めて用を足そうとした。

バン‼

またドアが開いた。

今度は鍵を開ける音も声かけも無かった。

そこには児玉さんのクラスメートの美咲さんが立っていた。

美咲さんの顔や首筋は汗だくで髪の毛や服が不自然に乱れていた。

「児玉さん、どうしてここに⁉」

美咲さんはハァハァと肩で息をしながら、しゃがんでいる児玉さんに言った。

「いや、美咲ちゃんこそ、どうし……」

児玉さんがそう言おうとした時、美咲さんの背後から大きな二つの手が伸びてきた。

毛だらけのゴツい両手は美咲さんの肩を掴むと、彼女を後ろに引きずっていった。

「いゃぁあああっ」

個室のドアが閉まった。

恐ろしくなった児玉さんは用を足すのも忘れて、個室を出ようとドアに手をかけた。

その時、鍵はかかったままだった。


次の日、児玉さんは朝礼で、病院近くの公園で美咲さんが変質者に殺されたということを、校長先生から知らされた。

ホクロ

矢木君が高校生の時、同級生の女子生徒が交通事故で亡くなった。

島根さんという物静かな少女だった。

矢木君は島根さんに淡い恋心を抱いていたという。

ただ、矢木君はバリバリの野球少年、島根さんは本が好きな文学少女。

同じクラスにも関わらずほとんど接点が無く、まともに挨拶をした記憶すら無かった。

休み時間、机で本を読む島根さんの横顔をチラ見するのが矢木君の楽しみだった。

髪をかき上げる時に見える、彼女の右手首のホクロがなぜか色っぽく感じた。

彼女が交通事故で亡くなった話を担任から聞いた時、悲しみというより毎日見ていた夢が突然終わりを告げたみたいに感じた。

その夜、「島根さんなんて女の子、最初からいなかったんだ！」と無理やり自分に言い聞かせながら大声で泣いた。

島根さんが亡くなって数か月たったある夜、矢木君は部活仲間数人と家に集まってバカ騒ぎをしていた。

「そう言えば矢木、死んだ同級生の子、好きだったんだろ？」

部活の先輩が意地悪そうに笑って、矢木君の携帯を手に取った。

「今からその子に電話してみろよ、案外相思相愛だったかもしれないぜ」

さすがにその悪ふざけな提案には、他の仲間たちも難色を示した。

矢木君も先輩をぶん殴ってやりたいところだったが、かろうじて我慢した。

確かに矢木君の携帯には、島根さんの携帯番号が緊急連絡用に登録してあった。

もちろん彼女が生きていた時にかけたことは一度もなかった。

皆が躊躇していると、先輩は勝手に矢木君の携帯を開き、島根さんの電話番号を探し出すと発信ボタンを押してしまった。

「センパイ！　やめてください、いくらなんでも……」

矢木君が真っ赤になって止めようとしたが、先輩は彼を片手で押さえつけてニヤニヤしながら誰かが電話に出ないか待った。

「きえっ‼」

突然、さっきまで笑っていた先輩が女の子みたいな悲鳴を上げて、矢木君の携帯を壁に放り投げた。

そして耳を押さえながら「女が出た。若い女の声で、こんばんはって。その声を聞いたら耳がまるで氷を押し付けたようにいてぇ‼」と泣き叫んだ。

最初はこれも先輩の悪ふざけの演技だと思っていたが、彼の耳たぶが紫色に腫れ上がっているのを見て、矢木君を含めその場の全員が青ざめた。

先輩が逃げるように帰ると他の部員たちも続いて去っていった。

「若い女の声って、島根さんは一人っ子のはず。他に誰が？」

矢木君が首をかしげながら落ちた携帯を拾おうとすると、着信が来た。

画面に島根さんの電話番号が表示されている。

矢木君が恐る恐る電話に出ると、相手は島根さんの父親だった。

「まずい、さっきのイタズラ電話、叱られる……」

矢木君はてっきり、島根さんの父親が怒って電話をかけ直してきたのかと思った。

「こんばんは、突然失礼ですが、あなたが矢木君ですか?」

しかし、父親の声は怒っている様子では無く、むしろ丁寧で穏やかだった。

矢木君は挨拶をすると、慌てて先ほどのイタズラ電話の件を詫びた。

「いや、いいんです、イタズラでもなんでも。なんせ娘の姿をもう一度見ることができたのですから……」

「どういうことですか?」

矢木君が尋ねると、父親は先ほど起こった出来事を話し始めた。

島根さんの携帯電話は彼女の部屋、その机の上に置いてあった。

島野さんのご両親は、娘の携帯電話の契約を解約することが出来ないままでいた。

島根さんが亡くなってしばらくは、事情を知らない人々からの着信があった。

それも最近は全く無くなってしまった。

先程、久しぶりに着信メロディが娘の部屋から聞こえてきた。

矢木君の先輩のイタズラ電話だ。

父親が電話に出るために部屋のドアを開けると若い女性が後ろ姿を見せ、携帯を耳にあてながら立っていた。

見覚えのある後ろ姿だった。

振り向いた娘は父親に向かって、ニコッと微笑《ほほえ》むとすぐに消えた。

床には携帯が落ち、辺りには娘が使っていたシャンプーの香りが漂っていたという。

「娘の携帯電話には、矢木君の番号が登録されていました。これは勝手な想像なのですが、娘は嬉しかったんだと思います、矢木君に電話をかけてもらって。とても良い笑顔でした……」

矢木君は父親から、もう一度娘の姿を見ることが出来たことについて何度も何度もお礼を言われた。

矢木君は半ばうわの空でそれを聞いていた。

島根さんの父親との会話が終わり、矢木君は携帯を握ったまましばらく呆然としていたが、忘れようとしていた島根さんの横顔を思い出し、また大声で泣いた。


現在、矢木君は大学生だ。

野球部に入り、初めての彼女も出来た。

全てが順調に進んでいるように思えたがそうではなかった。

新しい彼女からメールや電話が来る。

矢木君がスマホを取ろうとすると人間の手首だけが現れ、彼の手を握り、消える。

手首の指は右手、とても華奢《きゃしゃ》でホクロがある。

矢木君が高校時代、何度も見てきたホクロだった。

「毎回ってわけではないですし、今のところ実害はないです。今は島根さんが早く天国に行ってくれること祈るだけです」

矢木君は小さな声でスマホをいじりながら、話を終えた。

メモ

老人ホームで働く理学療法士の高橋さんから聞いた話。

高橋さんの働くホームには、太田さんというおばあさんが入居していた。

数年前から完全に寝たきりで、高度の認知症。家族が話しかけるも全く反応が無い。

食事も胃ろうと言って、直接胃に栄養剤を流し込んでいる状態だった。

手や足の関節も拘縮《こうしゅく》が強くて、ほとんど曲げ伸ばしが出来ない。

特に手の拘縮がひどく、手首から強く内側に丸まってしまい、掌《てのひら》も歪《いびつ》なグーになったままだった。

それでも高橋さんは、硬くなってしまった太田さんの手足指先の関節をしっかりと動かし、リハビリを施していく。

さて、この太田さんには、女性のお孫さんがいた。

年の頃は二十代前半、明るくてよく笑う可愛いお嬢さんだった。

お孫さんは月に一、二回面会に来る。

実は高橋さん、この可愛いお孫さんに一目惚れをしていた。

彼はリハビリをしながら、「今日はお孫さん来ないですかね、実は私、あの子が凄く好みなんですよ」などと、太田さんがわからないのを知っていて自分の片思いを打ち明けていた。

もちろん、太田さんからそれに対する返答はない。

翌日、高橋さんが太田さんの手のリハビリをしようとしたところ、彼女の拘縮によってキツく握られた手の中に紙片らしきものがあるのに気がついた。

高橋さんは紙片が破れないように、慎重に太田さんの手を開いていった。

取り出したのは何の変哲もない一枚のメモ用紙で、真ん中に『堀越真実子』と丁寧な字で書かれていた。

明らかに女性の名前のようだが、高橋さんの同僚やその他近いところにいるスタッフにそのような名前の女性はいない。

そして当然のことながら、今の太田さんに字を書く能力は無い。

「一体誰がこんな物を……、しかもなんで太田さんが？」と首を傾げながらも、とりあえずメモをポケットに入れてリハビリを始めた。

昼休みに高橋さんはホームのケアマネジャーに、先ほどのメモを見せた。

その際、なんとなく話が面倒になりそうだったので、メモは太田さんが握っていたのではなく、床に落ちていたものだとウソをついた。

「堀越真実子って太田さんのお孫さんの名前だよ。たまに来る女の子いるでしょ？　家族構成の中に、孫でこの人の名前があるのよ」

ケアマネジャーは落ちていたというメモを見ながら、そう教えてくれた。

「あの子、堀越真実子さんというのか……」

高橋さんは太田さんのお孫さんの名前がわかっただけで、なんだかうれしかった。


数日後、勤務中の高橋さんに呼び出しの連絡があった。

場所は太田さんの部屋。

高橋さんが部屋に行くとそこには、太田さんの娘さん、お孫さん、介護職員がいた。

「高橋さん、先ほどお二人が面会に来て太田さんの手を見たら、こんなものを握っていたそうです」

介護職員が一枚のメモを差し出し、それには真ん中に『高橋大悟』書かれていた。高橋さんのフルネームである。

「母が何か握っていたみたいなんで、職員さんに手伝ってもらって取り出したんです。そうしたらリハビリの先生のお名前が書かれていたので、お忙しいところ恐縮なのですが来ていただいたのです」

太田さんの娘さん、つまり堀越真実子さんのお母さんは困惑した表情で言った。

しかし、困惑したのは高橋さんも同じだった。

数日前、太田さんはなぜだか彼女の孫の名前が書かれたメモを握っていたのだ。

今度は自分のフルネームが書かれたメモを握っていたとは。

「この筆跡、明らかに母のものです。母が書いたのに間違いありません」

娘さんはきっぱりと言い切った。

「いや、失礼ですがそれはありえません。見てのとおりお母さんは……、あっ！」

高橋さんは、数日前に太田さんが握っていたお孫さんの名前が書かれたメモを取り取り出すと、それを娘さんに見せた。

「実は、これも太田さんが握っていたんです。お孫さんの名前ですよね？」

娘さんはゆっくりと頷き、「これも母の筆跡です」と答えた。

「おばあちゃん、何か伝えたかったのかなぁ。私の名前とリハビリの先生の名前……」

お孫さん、真実子さんは二枚のメモを持って推理するように首を傾げた。

高橋さんには、そのしぐさがたまらなく可愛かった。

高橋さんと目が合うと真実子さんは、「いつもおばあちゃんのリハビリをありがとうございます」と言い、ニコッと愛らしい笑顔を見せた。


それからしばらくして、高橋さんと真実子さんは付き合うようになった。

結局、メモを書いたのが太田さんなのかどうなのかはわからずじまいだった。

しかし、二人とも太田さんのこの二枚の不思議なメモが、彼らを結び付けてくれたのだと強く信じた。


二人が付き合い始めてさらに数か月が過ぎ、季節は冬になった。

ある日、高橋さんは一人で面会に来ていた真実子さんに呼び出された。

高橋さんが部屋に行くと、真実子さんは太田さんの手を持って言った。
「おばあちゃん、また何か握っている」
確かに太田さんの手には、以前のようにメモらしき紙片が握られている。
高橋さんは太田さんの手からまた慎重にメモを取り出した。
メモには筆記体で書かれた英語、その下に十二月十五日と書かれていた。
「この筆記体はおばあちゃんの洗礼名だよ、おばあちゃんはクリスチャンだったから。
十二月十五日って今日だよね？」
高橋さんと真実子さんはお互い、不安げに顔を見合わせた。
「今日、何があるんだろう？」
その数時間後、太田さんは亡くなった。
最後に何かをやり遂げた、満足気で安らかな死に顔だったという。
やがて高橋さんと真実子さんは婚約した。
婚礼は太田さんが洗礼を受けた教会で行うらしい。

衣類

「また、こんなに捨ててある……」

ＯＬの麗美さんは自宅近くにあるゴミ集積所を見て驚いた。

パンパンに膨《ふく》らんだ九十リットルの半透明ゴミ袋が五つ、ゴミ集積所を占領するように置かれている。

半透明ゴミ袋から透けて見える中身は、全て衣服の類。

スーツ、シャツ、ズボン、スカート、コート、靴下、帽子、下着等々……。性別、季節を問わず様々な種類が詰まっており、そのまま古着屋が開けそうな量だった。

ここ数か月、燃えるゴミの日になると毎回大量の衣類が捨てられている。

麗美さんは捨てているのが誰か知っていた。

彼女の自宅の隣の家に住む、三十代前半くらいの男性。

麗美さんの母親の話では、男性は一人暮らしで、ほぼ引きこもり状態、仕事も何をしているのかわからないという。

麗美さんは出勤の際、衣類の詰まったゴミ袋を引きずって集積所に捨てに行く男性を何度も目にしていた。

男性はくたびれた寝間着を着ていて、頭髪も髭《ひげ》も伸び放題。顔色が悪く、いつもだるそうな表情をしていた。

麗美さんは目が合った時に軽く会釈したこともあったが、男性はそれを無視してすぐに自宅に戻ってしまった。

「あれだけたくさんの衣類を捨てているんだから、どっかから仕入れているはずでしょ？　でもね、日中あの男が出かけていく様子もないし、衣類を運搬してくる車が停まってるところも見たことがないのよ」

麗美さんの母親も、毎回毎回異常な量の衣類を捨てている男性を不思議に思っていたらしく、そんなふうに言っていた。

「まあ、別にこちらがなんか被害を被っているわけじゃないからね」

麗美さんはそう考えて、それ以上男性や衣類のことを気にしないことにした。

ある日の夜、麗美さんは残業のため、終電ぎりぎりで帰る羽目になった。

こんな時間まで会社に残ったのは初めてだった。

「もうすぐ日付変わっちゃうよ」

急いで自宅に入ろうとした時、彼女は隣の家の前で起きている出来事を見て、その場に立ち竦《すく》んでしまった。

隣の家の二階の窓、その前に何かが浮かんでいた、それも複数。

「ワイシャツ……?」

何着ものワイシャツが窓の前に浮かんでいるのを見て、麗美さんは絶句した。

ワイシャツは生きているかのように宙を舞うと、窓をすり抜けて隣の家の中に次々と入っていった。

すると次は窓の前にジーパンが何枚も現れて、しばらく空中に浮かんでいたかと思うと、ワイシャツと同じように窓をすり抜けて屋内に入っていく。

それから様々な衣類が窓の前に現れては皆、同じように窓の中に入っていく。

いや、窓の前だけではなかった。

玄関の前にも沢山の靴下や帽子、下着類が現れ、虫のように這いずりながらドアをすり抜けて家の中に入っていった。

命を吹き込まれたような衣類たちの家への侵入は永遠に続くかのように見えた。

あまりに異常な出来事に、麗美さんは時を忘れて魅入ってしまった。

恐怖を感じるよりも、不思議なアトラクションでも見ているような気分だった。

その時、スマホの着信音が鳴った。

我に返ってスマホの画面を見ると母親からだった。

「遅くなってごめん、もうすぐそこまで来ているから」

電話を切って、隣の家を見ると生き物のような衣類たちは全て消えていた。

「もう勘弁してくれよ……」

ドアの内側から男の低い声が聞こえてきた。

翌朝、ゴミ収集場所にまた大量の衣類が詰まったゴミ袋が捨てられていた。

「いつまで続くのかな?」

麗美さんは男の心配をしながら会社に向かった。

衣類のゴミ袋は現在も増え続けているらしい。

黒子

自分の子育てが一段落して、数年前に幼稚園の教員として復帰した神田さん。

彼女から勤め先の園での話を聞くことが出来た。

幼稚園で働いているとよくあること、それは年少から年中に上がったばかりの園児が、懐かしがって以前の年少組の教室に戻って行ってしまうことだという。

そういう年中さんの園児は、先に帰りの時刻になる年少さんがいなくなった後、ふらっと年少組の教室に行き、かつて自分の使ったお道具置き場や靴箱を眺めているらしい。

一人で、ポツンと。

その姿は可愛らしく、ちょっと悲しい。

園児にはよくあることだから、しばらくそっとしておいてあげる。

だが神田さんが現在勤めている幼稚園は違うのだそうだ。

年少組の教室で懐かしがっている年中組園児を見つけたらすぐに引き戻す。

なぜなら、「黒子」が現れるから——園長はそう神田さんに理由を説明した。

園長いわく、黒子は年少組の部屋に戻ってきた年中組園児だけを狙う。

黒子は複数で現れ、園児を囲み、連れていく。

黒子に連れていかれた園児は死ぬ。

過去に一度、園児が連れていかれたという。

だから年少組に戻った年中組園児は、すぐに連れ戻さねばならない。

黒子はその名の通り真っ黒で、子供くらいの大きさの影のようなものらしい。

最初に園長からこの話を聞いた時はとても信じられなかった。

しかし、すぐにそれが事実だと思い知らされる。


ある日、神田さんは自分の担当する年中組の園児一人がいないことに気が付いた。

ピンときた神田さんは他の先生に園児たちを頼むと、年少組の教室に向かった。

園児たちが帰り、シンと静まり返った教室の真ん中に、いなくなった園児——悠馬君が一人ポツンと体育座りをしていた。

悠馬君は以前、自分の物だったお道具置き場を見つめていた。

神田さんが悠馬君に声をかけようとした時、そいつは現れた。

悠馬君から少し離れた後ろに真っ黒な何かが突然現れた。

それはちょうど幼稚園児くらいの小さな子供の形をしていた。

しかし、全身が墨汁のように黒く、性別はおろか顔の表情すらわからない。

「あれが黒子？　確かに真っ黒けね……」

園長から聞かされていたものの、実物の黒子を前にした神田さんは、驚きと恐怖で硬直し、その場から動くことも声を出すことも出来なかった。

黒子が一人増えた。悠馬君の右隣に黒い影が座っている。

もう一人、悠馬君の左隣で彼を見下ろしている。

また一人、また一人と黒子は増え続け、徐々に悠馬君を囲んでいく。

最終的に十人以上の黒子が悠馬君を取り囲んだ。

悠馬君はそれに気づかないのか、相変わらずお道具入れを見つめていた。

黒子たちが全員手を上げ、悠馬君に掴みかかろうとした。

「いけない！」

我に返った神田さんは急いで教室に入り、悠馬君の元へ走った。
「悠馬君、ここにいてはダメ！」
神田さんは悠馬君の腕を掴んで立ち上がらせた。
その時、腕が黒子に触れた。
腕の触れた部分が氷水に突っ込んだようにしびれたという
悠馬君を抱え上げて年中組の教室に戻ると、園児たちが驚いて神田さんを見た。
園長とその他の先生だけは冷静だった。
悠馬君は神田さんの腕の中で、何事も無かったようにすやすやと眠っていた。
「見たでしょ、黒子」
園長先生が厳しい表情で神田さんを見つめていた。
神田さんは無言で何度もうなずいた。

それ以来、神田さんは年少組に行く園児を見つけたらすぐに戻すように心がけている。

最後に神田さんは言った。

「黒子たちに触れた時になぜか思ったの、この子たち全員泣いている、って」

黒子の正体は園長にもわからないらしい。

手　二話

伊達さんはある夜、四歳になる息子の達樹君と二人でベッドで寝ていた。

奥さんは生まれたばかりの下の子と里帰りしていた。

「早く寝ろよ、パパは明日、仕事なんだから」

なかなか寝ない達樹君に伊達さんはイラついていた。

「達樹、早く寝ないとこのカーテンを開けるぞ。窓の外にはオバケがいるんだ」

伊達さんはそう言って、枕元にある窓のカーテンを開けるふりをした。

「ウソだ、オバケなんていないよ」

達樹君は強がって言ったが、その声は少し怯えているようだった。

以前も伊達さんにカーテンを開けられ、窓の外に広がる無限の闇を見せられたことがあるからだ。

「よし、開けてやる！」

伊達さんは怒って勢いよくカーテンを開けた。

窓に手のひらがふたつ張り付いていた。

伊達さんは呆然となった。

達樹君は大声で泣き出した。

窓越しに夜空を見ると、はるか上空に浮かぶ雲から恐ろしく長い腕が伸びてきて、伊達さんの家の窓に掌を押し付けていたのだ。

結局その夜、伊達さんは近所にある彼の兄の家に親子共々泊めてもらうことになった。

現在、伊達家ではベッドの枕もとにあるカーテンは開かないように固定されている。


大学生の萩原君の近所には以前、小さな空き地があった。

周りをビルに囲まれたごく小さな空き地である。

空き地の地面にはなぜだか、やたらとドクダミがはびこっており、周囲にその強烈な臭いを振りまいていた。

萩原君は通学の際、空き地前を通る度に「くせぇなぁ～」と思っていた。

ある日の夜、飲み会の帰りに空き地前を通りかかった。

ほとんど飲めない萩原君は、その時点でほぼ素面《しらふ》だった。

いつも通り、ドクダミの臭いが激しく鼻を突く。

「ん？　なんだあれ」

萩原君が空き地の中を覗くと、いつもと様子が違う。

空き地の奥の一部分が鈍く光っていた。

萩原君にはその光の形が、横たわって寝る犬か猫のように見えた。

ただその時は、何か発光する塗料の様な物がこぼれて広がり、たまたま犬猫の形に見えただけだと思った。

数日後の夜、萩原君は再び空き地の前を通りかかった。

空き地の中に一匹の野良猫がいた。

「よくあんな臭い所に入ったなぁ」

そんなことを考えながら野良猫を見ていた時だった。

野良猫が立っているドクダミの地面から、モゾモゾと何かが這い出てきた。

それは沢山の手首だった。

手首は全てぼうっと鈍く光っており、それはこの前、萩原君が空き地内で見た犬猫の形をした地面の光に似ていた。

大人の男の大きな手、女性のような細い指の手、皺《しわ》くちゃな老人のような手、モミジくらいの大きさの子供の手――。

大小様々な手が野良猫に掴みかかった。

野良猫はなぜか大した抵抗もせず、喉をゴロゴロと鳴らすだけだった。

沢山の手が野良猫を覆うと、そのまま地面に引きずり込んでいった。

野良猫が引きずり込まれた地面は、ぼうっと鈍く光っている。

猫が横たわったような形で。

萩原君は呆気にとられながらその一部始終を見ていた。

すると次は空き地に生えている全てのドクダミが一斉に鈍く光り始め、臭いもどんどん強くなってきたので、たまらずその場から立ち去った。


少しして、その空き地には細いマンションが建った。

ドクダミが生えているわけでもないのに、その臭いがマンション中にするのでなかなか入居者がいないらしい。

地下鉄

長谷川さんは五歳から十歳になるまでの数年間を、父親の仕事の関係で韓国で暮らしていた。

彼女が十歳になったばかりのある日、母親と一緒に韓国の地下鉄で電車が来るのを待っていた。

母親と、どこに出かけたのかは忘れてしまったが、その日は休日で、ホームがガラガラに空いていたことは覚えていた。

「また電車が遅れているわ」

母親がイラついた声で言う。

長谷川さんは退屈を紛らわすために、ホームをキョロキョロと見回した。

すると自分たちから少し離れたホームの片隅に一人の女性が座っていた。

四十代くらいの中年女性は、何か奇妙な物を胸に抱いている。

それは薄茶色をした子供の人形みたいだったが、服などは身に着けておらず、どうやら全裸みたいだった。

猿かと思ったが体毛は無く、身体の所々にコブがあって全体的に形がいびつだった。

近寄ってそれをよく見たかったが、長谷川さんはいつも地下鉄では母親から離れないようにキツく言われていた。

少し経つと一人の青年が中年女性の前を通りかかった。

「それ、売り物かい？」

青年は、からかうようにそんなことを言ったという。

すると中年女性は何事か言いながら、青年に腕の中の人形を突きつけた。

すると青年は驚いて身を引き、バツの悪そうな顔をして足早にその場を立ち去った。

中年女性が再び座る時、長谷川さんと目があった。

女性は微笑むと、手に持っている人形を掲げて長谷川さんに見せた。

人形は赤ん坊の様に四肢を縮め、明かりに照らされてテカテカと光っている。

（ミイラ、あれはミイラだよね……？）

長谷川さんは、何かの本に載っていた子供のミイラの写真にそっくりだと思った。

「電車が来たわよ」

長谷川さんは母親に手を引かれて電車に乗った。

電車が発進してホームで座る女性の前を通り過ぎる。

女性は相変わらず微笑みながら電車内の長谷川さんに手を振る。

抱えているミイラが微かにブルブルと震えているように見えた。

その後、長谷川さんは何度も地下鉄でミイラを抱いた中年女性を見かけた。

しかし、母親に何度そのこと言っても、「そんな女、どこにもいないじゃない」という返答しかなかった。


それから十年近くが過ぎ、帰国した長谷川さんは東京の大学に通っていた。

その頃にはもう、韓国の地下鉄で見た中年女性のことなどすっかり忘れていた。

ある日、長谷川さんは遊びに行くために都内の地下鉄ホームで友人と電車を待っていた。

友人とおしゃべりをしているとホームの片隅に座っている人がいる。

その瞬間、あっと思った。

ミイラを抱いて座る中年女性。

長谷川さんは韓国の地下鉄での出来事を一気に思い出し、動揺した。

(なんで今更……日本まで追いかけてきたの?)

中年女性と長谷川さんの目が合う。

女性は目を大きく見開き、ニンマリと笑った。

まるで長谷川さんとの再会を喜んでいるかのように。

タイミング良く電車がやってきたので、友人を急かすようにして乗り込む。

車内には長谷川さんと友人以外、乗客はいなかった。

電車が走り始め、やっと張り詰めた神経が少し弛む。長谷川さんは右隣に座った友人に中年女性のことを話そうとして、絶句した。

友人が、いない。

隣には友人では無く、中年女性が座っていた。

「これは自慢の息子です、売り物ではありません」

女性はミイラを長谷川さんの前に突き出すと、韓国語ではっきりそう言った。

ミイラのようなものは口をパクパクさせながら、干からびた二つの眼球で長谷川さんのこと見つめていた。

気が付くと、終点の駅まで来ていた。
スマホには友人からのメールや着信マークが何個も点滅していた。
「ねえ、約束の時間になっても来ないけど、何かあったの?」と。

覗き見

自宅でフラワーアレンジメント教室を開いている、坂川さんという女性から聞いた話。

坂川さん宅の隣には、浦野さんという初老の夫婦が二人だけで暮らしていた。

浦野さんの旦那さんは都内の大学講師、奥さんは専業主婦、二人とも上品で穏やかな人柄だった。

しかし、奥さんの方には気味の悪い趣味というかクセがあった。

小道をひとつ挟んだ隣の坂川さんの家を、奥さんが自宅の窓から覗くのだ。

坂川さんの家に友人が来たり、フラワーアレンジメントの生徒たちが集まったりすると、奥さんは窓を少し開けてその様子を覗いてくる。

奥さんは自分ではバレていないつもりらしいが、立て付けの悪い古い窓は少し開けるだけでも、ガタガタッと大きな音がする。

坂川さんは気付かないふりをするが、少し開いた窓からジッとこちらを見る奥さんの視線を受け、いつも気味悪く感じていた。

覗かれる以外に何かあるわけではなかったが、何やら奥さんに絶えず監視されているようで憂鬱だった。

おまけに窓から覗く時の奥さんの目には、坂川さんに対する恨みの念じみたものを感じるのだ。

坂川さんは、「何か気に障るようなことをしたかしら」とあれこれ考えてみたが、一向に思い当たることが見つからない。

外で浦野の奥さんと会うと、あちらは知ってか知らないかニコニコしながら丁寧に挨拶してくる。

その笑顔が余計に不気味だった。

坂川さんがそんな日々を送っていたある日、浦野の奥さんが亡くなった。

不謹慎だが、奥さんの監視から解放されてホッとした。


奥さんが亡くなって一か月程たったある日、

坂川さんは自宅の玄関前で友人とおしゃべりをしていた。
ガタガタッと聞き覚えのある音が響いた。
それを聞いた坂川さんは、反射的に浦野さんの家に視線を向けた。
窓が少し開いていた。
浦野の奥さんがいつも自分たちを覗いていた窓だった。
少し開いた窓から誰かがこちらを覗いている。
浦野の旦那さんだった。
旦那さんの目は以前、彼の奥さんが坂川さんを覗いている時の目と同じだった。
ズシリと重い恨みの籠った視線。
坂川さんは急いで友人とのおしゃべりを切り上げると自宅に戻った。
「なんで旦那さんまで……?」
疑問と恐怖でその日はなかなか眠れなかった。
数日後、坂川さんは買い物に出ようと玄関のドアを開けた。
なんとなく浦野さんの家に目をやってしまった彼女は、刹那大きな悲鳴を上げた。

また窓が少し開き、こちらを覗いていた。

浦野さんの旦那さんと、その下に亡くなったはずの奥さん……。

二人が坂川さんを見つめていた。

あの恨みがましい視線で。

「私が何をしたって言うのよ……」

坂川さんはそのしつこさに、恐怖を通り越して怒りを覚えた。

その後も、家から出る度に浦野さん夫婦は窓から坂川さんを監視していた。

さらに日数が絶つと夫婦の顔の上下にも沢山の見知らぬ顔が現れ、坂川さんを恨みの目で見つめてる。

しばらくして、坂川さんは自宅を処分して引っ越しすることを決心めた。

「まだ、見られているだけで済むうちにね……」

西浦和也《にしうらわ》

不思議&怪談蒐集家。怪談トークライブやゲーム、DVD等の企画も手掛ける。イラストレーターとしても活躍する。単著に「現代百物語」シリーズ、『実録怪異録 死に姓の陸』『帝都怪談』などがある。

ため息

不思議な感覚を持っている人は少なくない。それは見えないはずの物が見えたり、聞こえないはずの声が聞こえたり、人によって様々だ。しかしその感覚を当たり前のように周囲と共有することはあまりない。

Nさんは小学生のある夜、両親と姉のマイコさんと一緒に、叔母が入院している地方の病院へと向かった。薄暗い廊下を足早に進み病室へ入ると、見知った親戚やいとこたちに囲まれたベッドの上で叔母が虫の息で横たわっていた。

「姉さん！　起きて」

母はベッドへ駆け寄ると叔母の手を握り、必死に声を掛ける。しかし、叔母は目を閉じたままで身じろぎ一つしない。枕元には当直の医師と看護師が立ち、じっと叔母を見

下ろしている。その様子にNさんとマイコさんは居たたまれなくなり、病室から出たいと思った。その時だった。叔母の口から、

『はぁ……』

という小さなため息のような声が聞こえた。

すぐさま医者が叔母の脈を取ると、時計を見ながら「ご臨終です」と言った。

「ちょっとみんなで相談するから、あなたたちは外で待ってなさい」

母にそう言われ、Nさんとマイコさんを含めた子供たちは病室を追い出された。仕方ないので一階まで降り、真っ暗になった待合室の長いすに座っていると、隣に座っていたマイコさんがNさんに、

「あんた、さっきの声、聞いたでしょ？」

「……え？　お姉ちゃんも？」

Nさんを見ながらマイコさんも大きく頷いた。

「え？　なんの話？」

ふたりの会話を聞いていた、いとこたちが話に加わってきた。そこでNさんは叔母の

臨終の際に聞いたため息の話をしたが、その声を聞いたのはNさん姉妹だけだった。

それから十数年が過ぎ、今度はNさんの母が看取《みと》られる番となった。

ベッドの周りを親戚一同で取り囲んでから、どのくらい時間が経っただろうか。

『はぁ……』

母の口からそう声がしたかと思うと、病室が強烈な臭気に包まれNさんは思わず顔をしかめた。

「……ご臨終です」

脈を取っていた医師の言葉が聞こえた。

母の病室を引き払う際、いとこの一人がNさん姉妹に声をかけてきた。

「伯母さんのご臨終のとき、Nちゃんとマイコちゃん、二人同時に顔をしかめてたけど、なんかあったの?」

「えっ?」

それを聞いて、Nさんとマイコさんは思わず顔を見合わせた。

窓もドアも閉め切られた病室にいたにも拘《かかわ》らず、あの強烈な臭気を感じたのは、Nさんとマイコさん以外にはいなかった。

今でも時々、ふたりだけが感じる不思議な感覚はあるのだそうだ。

オシラ様

これは青森県出身のFさんの話。

彼の実家は古くからの商家で、先祖代々オシラ様を祀っている。

オシラ様というのは、東北地方を中心に信仰されている神様のことで、女性の病気や馬にまつわる農耕、養蚕《ようさん》の神様として知られている。

諸説あるが、オシラ様の由来はこんな話である。

昔々のこと。ある農家に美しい娘がいた。その娘が飼っていた馬に恋をし夫婦となる。ところが娘の父親はそれを知って激怒し、馬を桑《くわ》の木に吊るすと殺してしまう。

娘は殺された馬の首にすがりついて泣いた。しかし父親は、その娘の姿すら許せず、馬の首を切り落とす。

すると娘は、切り落とされた馬の首に乗ると、天へとのぼっていきオシラ様となる。

オシラ様は夢に現れ村人に、桑の木で蚕を育てるよう伝え、それにより村は後々栄えたという。

彼の実家では、二本の桑の枝それぞれに、若い女性と馬の顔を作る。それを綺麗な布で着物のように幾重にも巻くと、オシラ様として、庭の祠で祀る。

そして年に一、二度近所に住む老婆がやってきてオシラ様を手に取ると、人形遊びのような儀式をした後、新しい布と交換。古い布は服の裏地にしたり、財布に忍ばせたり、または御守り袋などにして、その御利益に預かるのだそうだ。

ところがFさんは、実家のオシラ様があまり好きではなかった。

ぐるぐる巻きの布の上に乗った小さな頭というその姿が、クリスマスに被るような派手な三角帽の先に、干した生首を乗せたようにしか見えなかったのと、女性のオシラ様の恐ろしい形相が理由だった。

「神様のばて（なのに）、なしてこらほど怖い顔してらの（してるの）？」

幼い頃、Fさんはオシラ様の前で拝んでいる祖母に聞いたという。すると祖母は、

「昔は優しい顔ばしてたんしたばってきゃ（顔をしてたんだけどね）……」

とこんな話をはじめた。


それは今から七十年ほど前。

長く続いた太平洋戦争も終わり、任地にいたFさんの祖父が青森の家へと戻って来たのは終戦から半年ほど経ってのことだった。

家に戻ると先に戦地から帰って来ていた兄がすでに家業を手伝っていたが、休む間もなく祖父も手伝うことになった。

ところが、戦後の混乱もあり品物が手に入らず、商売が思うようにゆかない。

最初のうちは、しばらく我慢すればまた元通りになると高をくくっていたが、半年経っても、一年経っても良くなる兆しは見えず、どうしたものかと困り果てていた。

そんな時、近所に住む親戚の良三さんが、

「稲荷さんかきや、お御霊《みたま》ば頂いてきたし」

と白い布に包まれた桐箱を手渡した。

それは商売がうまくいかないのを見かねた良三さんが、わざわざ伏見稲荷大社まで詣で、分霊して貰った御霊箱だった。

良三さんの心遣いに、その場はありがたく頂戴したものの、箱は三十センチ四方ほどの大きさがあり、家の神棚には乗せられない。とはいっても、お御霊だけにそこら辺に置いておくわけにもいかない。

困った祖父が兄に相談してみると、庭にあるオシラ様の祠の中に納めるのが良いのではないかといわれた。

直ぐさま祠へ向かった祖父は、祠の扉を開けると中を覗いた。畳半畳ほどある祠の正面には、木でこしらえた神棚代わりの台が置かれ、その上には真っ赤な布を巻かれた馬の頭のオシラ様と、美しい女性の顔を持つオシラ様が置かれている。

祖父は手にしていた箱を台の前に持っていくと、置けるかどうかを確かめた。

(どうやら大丈夫そうだな)

置けることを確かめた祖父は、箱を脇に抱え右手で手刀《てがたな》を切ると、棚の上のオシラ様を端に寄せて、

「へんべどごじゃが、何んぼぞ（狭いところですが、どうぞ……）」

と、作った隙間に箱を置いた。


お稲荷様をお祀りしてからしばらくが過ぎた。

大変だった商売も徐々に好転し、これもお稲荷様のおかげと噂していた時のことだった。

祖父の家に箱を持って来てくれた良三さんが、畑仕事中に突然倒れて死んだ。脳溢血が原因だということだったが、突然のことに皆驚いた。

良三さんの葬儀も終わり、ほどなく今度は祖父の父親が店で倒れた。急いで医者へ運び込んだが、間に合わなかった。今度も脳溢血だと聞かされた。

店は祖父の兄が家を継ぐことになったが、半年もしない夏の日。その兄の幼い長男が田んぼの水路に落ちて死んだ。

それが原因だったのか、続くように兄夫婦が病に倒れ、店が傾きはじめた。

さすがにこうも不幸が続くと、今度は自分の番かも知れないと思った祖父は、いつもオシラ様の祠で儀式をしてくれる老婆に相談した。

村の者に付き添われやってきた老婆は店に入るなり、

「オシラ様の祠がおがす（おかしい）‼」

と言いだし、庭へと歩き始めた。やがて祠の前までくると、

「オシラ様がお怒りサなていら‼　すぐサ扉ば開けいまれ（開けなさい）‼」

と叫んだ。

さすがの剣幕に、祖父が慌てて扉を開けて中を覗き込むと、思わず息を飲んだ。

美しかった女性のオシラ様の形相が変わっていた。目は恐ろしいほどにつり上がり、口は大きく裂け、一目で押さえきれない怒りを発しているのがわかる。

「オシラ様どお稲荷様ば、むつけらしたかきや（一緒にしたから）罰があたったんだ」

うしろで、ため息の混じった老婆の声がした。

祖父はすぐに庭にもう一つ祠を建てると、改めてそこにオシラ様を祀り、その際、女性のオシラ様の顔を新しいものに取り替えた。

しばらくすると、兄夫婦の病気も快癒《かいゆ》し、店も持ち直した。

ところが、再び儀式の時にオシラ様を取り出して見ると、作り直したはずの顔は再び

恐ろしい顔に変わっていた。

「大事サしてら限りオシラ様は守ってぐれらんしたばって（守ってくれるけど）、裏切ったきゃ許してぐれねのし（ゆるしてくれないのよ）」

祖母はFさんにそう話すと、もう一度オシラ様に手を合わせた。


Fさんの家系では頭の病で亡くなる人が多い。Fさんも若くして頭に病が見つかり、いまも闘病をしているのだという。

「オシラ様はきゃ、こちきやかきや（こちらから）やまなぐら（やめる）ことの出来ね神様だかきや（だから）、大事サしねどまいねし（いけないよ）」

Fさんは東京へ出て来た今も、祖母のこの言葉が怖くて忘れられないそうだ。

火葬場の天井

ずいぶん前、渡さんが叔母のカヨコさんからこんな話を聞いた。

それはカヨコさんがまだ十代の頃、一緒に住んでいた祖母が亡くなった。すぐに葬儀の準備が始まり、家の広間には立派な祭壇が組まれ、そこに祖母の遺影が飾られた。悲しむ間もないまま通夜、告別式と進み、いよいよ出棺となった。

祖母の棺が親族たちの手で祭壇から運び出されると、見事な金細工の入った宮型の霊柩車へ乗せられた。それを見届けたカヨコさんたち近親者は、用意されたマイクロバスへと乗り込む。

――パァァァァァァン

霊柩車が大きくクラクションを鳴らすと、それを合図に車列は家を離れ、隣町へと走り出した。本来は町の火葬場を使うのだが、ちょうど建て直しているとのことで、今回は隣町にある民間の火葬場へと向かった。

火葬場へ着いてみると、出来たばかりということもあってかなり綺麗で豪華だった。床には大理石が敷き詰められ、白い壁に整然と並んだ金縁模様の入った火葬炉の扉は、まるでホテルの廊下を思わせる雰囲気だ。

祖母の名前が書かれた火葬炉の前に棺が運ばれてくると、故人への最後の別れとなった。棺の蓋を閉めると、棺はゆっくり火葬炉の中へと運ばれていく。やがて係員によって火葬炉の分厚い扉が閉じられ、扉の前には小さな焼香台が置かれた。

扉の奥から「ボッッ」と低い点火の音がすると程なくして「ゴォォォォォ」というバーナーの音が聞こえた。

カヨコさんと親戚たちの人たちは、遺体が骨になるまでの時間を過ごすため、別棟にある待合室へと歩き始めた。とその時、

『アツイ！　アヅイィィッ‼』

突然誰かの悲鳴が聞こえた。驚いたカヨコさんは思わず振り返った。

――ガッ！　ダン、ダン！　バタバタバタバタバタ！

繰り返される悲鳴とともに、地団駄を踏んでいるような音があたりに響いた。どこから聞こえるんだろうと、音のする方を確かめてみると、それはちょうど火葬炉の扉の真上。薄暗くなった建物の天井付近からする。

「カヨちゃん、どがいした？」

天井を見上げたまま立ち止まっているカヨコさんを、不思議に思った叔父が声をかけた。

「あそこで誰かが暴れながら悲鳴をあげてる……」

天井を指さしそういうカヨコさんに、叔父は笑いながら、

「ハハハ、憶病なやつだなあ。ワシはなーんにも聞こえんで？」

と耳に手をやると、自分には聞こえないよという素振りをした。

「さぁ、行こう」

と叔父に手を引かれその場から離れる前、カヨコさんはもう一度天井を見上げた。しかし、すでに音も悲鳴もそこからは聞こえなかった。

その後、結婚し実家を離れたカヨコさんだったが、二十年近くが過ぎたある夏、知り

合いの葬儀で町へ戻ることとになった。仕事の都合で通夜には間に合わなかったが、なんとか告別式に参列すると、連れて行かれたのは、あの隣町の火葬場だった。

二十数年ぶりに訪れてみると、以前の綺麗だった印象とは異なり、ずいぶんうらぶれたような感じがした。長い年月のせいか壁や床には細かいひび割れが目立ち、明るかったはずのホールはずいぶんと薄暗い。

カヨコさんは以前、声の聞こえた火葬炉の真上に目をやった。以前は真っ白だった天井には、煙が煤《すす》汚れとなってこびりつき天井一面が灰色で覆われている。どうやらホールが暗く感じたのは、この天井のせいらしい。この二十数年間、天井の掃除はされていなかったのだろう。

しばらくの間天井を見上げていると、真っ黒に煤けた火葬炉真上の天井に、大小さまざまな人の足跡があることに気づいた。

『アツイ！　アヅイィィッ‼』

——ガッ！　ダン、ダン！　バタバタバタバタバタ！

あの時聞いた悲鳴と、地団駄を踏んでいるような音がカヨコさんの頭の中に蘇った。

「……あのぅ、よろしいですか?」

他の参列者が休憩所に行った後、カヨコさんはホールにいた火葬場の担当者に質問した。

「火葬炉真上の天井に、いっぱい人の足跡みたいのが……」

言いかけたカヨコさんの言葉を遮ると、

「あれはですね。故人様が、あの世に無事に旅立ったという印なんですよ」

と天井を指さし、まるで美談であるかのように担当者はにっこりと微笑《ほほえ》んだ。

その姿にカヨコさんは思わずゾッとした。

その火葬場も数年前に取り壊され、渡さんの叔母のカヨコさんもすでに鬼籍に入っているため、今では確かめる術はない。

渡さんは、良く聞いておけば良かったと後悔している。

吉原奇譚

イベント関連の仕事をしているMさんは仕事柄、様々な職業の人と出会う機会がある。

「先日も打ち合わせの時、吉原のソープランドで働いているA子さんという女性と知り合ったんですよ。知らない業界のことなので、取材半分で色々と質問をしていると、突然彼女がこんな話を聞かせてくれましてね」


それは彼女が店で働き始めて間もない頃のこと。

その日もいつものように最後の客を見送り、部屋の中を片付けていると、ボーイが中へと入ってきた。手には手当の入った封筒が握られている。

「A子ちゃんお疲れ様！　これ今日のお手当三万六千円ね。数えるから一緒に確認してくれる？」

そう言ってボーイは封筒から札を出すと、彼女に見せながら数え始めた。

A子さんの店では仕事が終わると、すぐにその日の手当を、計算しボーイが部屋まで持って来てくれるシステムになっている。その際トラブルを防ぐため、ボーイとソープ嬢が一緒に支払額を確認する。

「三万四千、五千……六千円と……」

金額に間違いないことを確かめると、A子さんは差し出された領収書にサインした。

「お疲れ様でした。もし何かあったら連絡してください」

そう言うとボーイは札と封筒を彼女へ手渡した。

受け取った彼女は部屋を出ると、すぐ更衣室で着替えを済ませ店を後にした。

タクシーに乗り込むと、彼女はさっき貰った札を財布へ移し始めた。ところが封筒から出てきたのは二万六千円。一万円足りない。

慌てて周りを確かめたが、カバンの中にも座席や足元にも札はない。

(まさか、部屋か更衣室に落としてきたのかな⁉)

幸い店を出て時間も経っていないので、すぐに携帯電話で連絡すると、さっきのボーイに店の中を探して貰うよう頼んだ。

程なくしてボーイから折り返しの電話が掛かってきた。

『一万円ですけど、部屋の床に落ちてました。ただ、子供銀行券になってましたけど』

そう言いながら、電話の向こうで笑った。

(子供銀行券?)

突拍子もない言葉に、内容を理解できなかったA子さんは、もう一度聞き直した。

『ですから、一万円札がおもちゃの札になってたんですよ。明日の出勤までには元に戻ってるはずですから明日渡します。今日のところはそのまま帰宅してください』

不思議がる彼女に、ボーイはよく事情を説明しないまま、一方的に電話を切った。

翌日彼女が出勤すると、ボーイは彼女に一万円札を手渡しながら、

「こういうの時々あるんで、なんかあったら連絡してくださいね」

と告げた。


「それで、彼女的には〝良し〟としちゃったみたいなんですが。その後も貰った手当の札が足りなかったり、変な物が代わりに入っていたりすることがあったんだそうです」

特に多かったのは、子供銀行券や薄茶色の紙。ある時は無くなった一万円札の代わり

に、青々とした葉っぱが店の床に落ちていたこともあったという。

そういう時、彼女はそれらをボーイに預けて帰るそうだ。

「不思議なことに、一晩店のレジに入れておくと、翌朝には元の札に戻ってるそうで、次に出勤した時に、彼女はそれを受け取るんだそうです」


かつての吉原には多くの花魁《おいらん》たちがいた。その語源は諸説あるが「狐は尾を使って人を化かすが、遊女たちは尾もないのに人を化かすことができる（尾いらん）」とも言われている。当時とはすっかり様変わりしてしまった今の吉原でも、形は変わっても奇妙な化かし合いは続いているらしい。

追体験

その夜、会社員のNさんは帰宅途中、初めて一つ手前の駅で電車を降りた。珍しく早めに帰ることが出来たので、少し歩いて帰ろうと思いついたのだそうだ。

早いとは言っても、既に時計の針は十二時近くになっている。駅周辺の店もほとんどが閉店しているか閉店直前の様子。腹も減っているし、どこか開いてる店で飯を食べて帰るくらいしか出来そうもない。

どこへ寄ろうかと駅ビルの前の歩道を物色しながら歩いていると、

――グワッ

と、突然誰かに右足を足払いされた。払われた右足が大きく前に跳ね上がる。バランスを失ったNさんはそのまま頭から歩道へと倒れ込んだ。

後頭部がドンという鈍い音を立てると目の奥が真っ赤に光った。

明らかに悪意のこもった行為だとNさんは思った。相手は冗談であっても打ちどころが悪ければ大変なことになっている。痛む頭を押さえながら体を起こすと、Nさんは自分に足払いをした犯人を探した。

しかし周囲には人はおろか、つまずいたり、足が引っかかるような物も見当たらない。見えるのはガードレールで区切られた普通の歩道だけ。

歩道がやけに赤いな、と視線を動かすと、自分の右足から流れ出た血だった。

すぐさま病院に運ばれ、新田さんは数週間の病院暮らしとなった。

退院後同僚から、あの場所で以前、通行人を巻き込む飛び降り自殺があったと知らされた。Nさんはそれ以来、隣駅では降りなくなった。

魅入られる

『魅入られる』という言葉がある。死神に魅入られる、怨霊に魅入られる、悪魔に魅入られるなど、多くは忌み嫌われる存在によるもので非日常でのことと思われがちだ。しかし何気ない日常の中でも、何かに魅入られる瞬間はある。

写真好きの加藤さんはＳＮＳでは「写真クラスタ」に属している。街と自らの日常を撮った写真を中心に、毎日何度かコメント付きの写真をＳＮＳにアップしている。

その加藤さんが四年ほど前、知人が参加した絵の展覧会を見に出かけた。
信号待ちをしていると、向かいのビルのショーウィンドウの中で輝く、鮮烈な赤色に目が奪われた。人混みの間から見え隠れするそれは、ルビーのように真っ赤な薔薇の写真。

そのインパクトに、信号を無視してでもすぐにその写真を確かめ、撮影したいという衝動に加藤さんは駆られたという。

程なくして信号が青に変わると、加藤さんは人混みを避《よ》けながら足早にショーウィンドウへと向かった。ところが近づくにつれ、薔薇の写真は大判雑誌の見開きページを展示しているものだとわかった。

横断歩道を渡り終える頃には、薔薇の中央にはっきりとした深い本の綴じ目が見えた。一枚の写真ならともかく、あからさまに折り目や綴じ目がある本は絵的に美しくない。加藤さんは、急速に興味を失うとショーウィンドウを覗くことなく前を通り過ぎた。

展覧会に到着し、知人の絵をひとしきり鑑賞した加藤さんは、許可を貰うと感想を添えた絵の写真を、自らのSNSに何枚かアップした。

会場を出てしばらくすると、スマートフォンが小刻みに震えた。手にとって見るとSNSの仲間からふたつの「いいね」とコメントが付いている。

『すごく鮮烈な赤色ですね』

『薔薇の写真が一番印象的です』

「いいね」が付いたのは嬉しかったが、薔薇と書いてあるのを見て、そんな写真アップしただろうか？　と思った。

しかしコメントは間違いなく自分の投稿に対してのもの。気になって投稿したもの確認すると、コメント付きの絵の写真に紛れ込むようにして、あのショーウィンドウの赤い薔薇の写真がアップされている。それはガラス越しに、わざわざ正面から撮られたもので、薔薇はあのルビーのような鮮烈な赤い光を放っている。

だが、加藤さんには写真を撮った覚えがない。慌ててスマートフォンのアルバムの中を確かめてみたが、やはり薔薇の写真はない。

――ブルルッ。

突然、手の中でスマートフォンが小刻みに震えた。画面には薔薇の写真に三つ目の「いいね」がついたことの通知が現れた。

次の瞬間「魅入られる」という言葉が頭の中を過ぎった。

怖くなった加藤さんは、慌てて薔薇の写真の投稿を削除した。

あの薔薇の写真が何の本に載っていたかは、怖くて今も確かめていない。

オルゴール

二十年ほど前のこと。札幌に住んでいる加藤さんは週末、仕事の帰りに近くのレンタルビデオ店からビデオを借りて帰った。

借りたのは当時流行《はや》っていた映画『リング』のビデオだったという。

急いで食事と風呂をすませ、リビングでビデオを見はじめた。

映画もいよいよ終盤となり、別荘の井戸から戻った竜司が襲われるシーンとなった。

テレビの中から実体化した貞子が、ゆっくりと部屋の中へと這いだしてくる。とその時、

——パラランランラン、パラランランラン……

「え!?」

部屋の中で突然背後から、オルゴールの音が鳴り響いた。驚いて振り返ると、壁に掛かった黒猫と目があった。それは数年前に買って壁に掛けっぱなしにしていたオルゴー

ル。それが自分の存在をアピールするかのように、イッツ・スモールワールドを奏でながら、両耳を左右に閉じたり開いたりしている。

しかしオルゴールは本体の下にあるヒモを引き、それが戻る力で鳴る仕組みになっているため、自然に鳴り出すはずはないし、ヒモは本体に収まったままだ。

――ラララ……ランランラン……ラン……

唖然として見ている加藤さんの前で、オルゴールはひとしきり曲を奏でると、力尽きたように静かになった。

テレビからは貞子に襲われた竜司の断末魔が聞こえていた。

エクステ

　Cさんはアニメや漫画が大好きで、イベントのたび友達と出かけては、大好きなキャラのコスプレを楽しんでいる。特に夏と冬の年二回、東京・台場で開かれる通称コミケ（コミックマーケット）は、全国のコスプレ仲間に会える機会であり、新しいコスチュームを披露するための場であった。

　ところが昨年の夏は、急な用事が入ってしまったため、Cさんはコミケに参加することが出来なかった。

　夏に参加出来なかった分、冬のコミケではやったことのないコスプレに挑戦したい。

　何をしたらよいだろうと悩んでいた時、ふと頭の中に長い黒髪の大和撫子《やまとなでしこ》が浮かんだ。

彼女の普段の髪型は、茶髪のショートヘア。そのため、いつもそれに近いボーイッシュなキャラばかりを選んでいたため、大和撫子のようなキャラクターは初めてだった。

（だったら、今回はウィッグじゃなくてエクステにしてみよう）

そう思った彼女は、黒いロングのエクステを使うことに決めた。いつも使っているファイバー製のエクステでも良かったが、今回は毛量が多いため冬の乾燥したお台場では、どうやっても静電気がエクステに溜まってしまう。そうなれば髪型は無茶苦茶だ。

そこで彼女は、人毛で出来たロングエクステを探すことにした。


行きつけのコスプレショップやネットを探してみたが、長さや値段など彼女の条件に合う物はなかなか見つからなかった。

冬のコミケまであと数日。見つからなかったらファイバーのエクステでも仕方ないと思い始めた矢先、ダメ元で探していたネットショップで条件にぴったりのエクステが見つかった。迷うことなく彼女は即決した。


二日後、小さめの段ボールがCさんの家に届いた。すぐに箱を開け緩衝材《かんしょうざい》を取り出すと、ビニール袋に入れられたエクステが現れた。予想していたよりコンディションは良いみたいだ。そう思いながら袋に触れた瞬間、体が震えた。

（寒気？　まさかね……）

　Cさんは袋をカバンにしまうと、エクステを装着してくれる美容室へと向かった。


　冬コミの当日、Cさんの姿は国際展示場のデッキにあった。彼女のコスプレは予想以上に仲間やカメラマンたちから好評で、彼女の周りは幾重にもカメラマンたちが取り囲んでいた。

　そのうちのひとり、常連のカメラマンが、

「Cちゃん、髪になにか白い物が付いてるよ」

と彼女の左耳元のあたりを指した。

　その日は朝から風が強かったので、彼女は飛んできたゴミか何かが付いたのだと思った。

「……このあたりですか？」

　首をかしげながら、彼女はカメラマンが指すあたりに手を伸ばした。

　――フワァァァァァ～

　突然の海風が髪をふわっとなびかせた。不意に指先が髪に触れる。と次の瞬間、指が何かに掴まれたような感じになった。

（えっ……）

咄嗟《とっさ》に振り払おうとしたが、指が何かに掴まれているのか、手が動かせない。

（なんで？　なんで？）

Ｃさんは慌てた。必死に腕を振っても、手は左耳のあたりで固定されてしまったかのよう動かない。やがてひとりパントマイムの様に彼女は、その場でくるくると回り始めた。

その様子を見かねた仲間のコスプレイヤーたちが駆け寄ってくると、彼女を抱え近くの壁際まで連れて行った。壁際に着いてみるといつの間にか手は自由になっていた。

「ゴミ、髪の中まで入ってたの？」

壁際で放心状態でいるＣさんに、介抱してくれた仲間が聞いてきた。

「……髪の中？　なんで？」と聞き返すと、

「だって結構髪の奥まで指を突っ込んでたでしょ……まるで髪が指に巻き付いて取れなくなってるみたいだったよ」

それを聞いた彼女は怖くなった。確かに指が何かに掴まれたような感触はあった。しかし自分の感覚では、指先は髪に触れた程度。しかし実際には、風に煽《あお》られた髪の毛が指に巻き付き、髪の奥へと引っ張り込んでいたのだ。

(早くこんなエクステは外さないと……)

普段ならば半月ほど付けたまま楽しんだ後、美容院で外して貰うのだが、今回はそんな悠長なことは言ってられない。とはいっても時間的に今からやってくれる美容院はない。

Cさんは恒例となっているコミケの打ち上げをキャンセルすると、急いで家に戻った。

部屋に飛び込み鏡の前に座ると、彼女は頭のエクステを外し始めた。

今回のエクステは、地毛にシールで張り付けるタイプなので、かなり時間は掛かるが自分で取ることは出来る。

鏡を見ながら張り付けた場所を確かめると、留めてあるシールを剥がす。ところが、シールを剥がしたにも関わらずエクステが取れない。剥がし忘れたシールでもあるのかと、鏡に頭を近づけて確かめると、地毛にエクステが絡みついている。

(どうなってんの？)

両手でエクステを掴み、思い切り下に引っ張った。しかし取れる様子はない。何度か試した後、ふと顔を上げると鏡に映る自分の背後で、頭を虎刈りにされ苦悶の表情を浮かべた女が彼女を睨んでいた。

（――――！）

Cさんはそのまま気を失った。

彼女が気づいたのは、翌朝のことだった。

はっきりしない頭の中で、昨日おきた事を順に思いだす……。

（そうだ！　エクステをはずさないと！）

慌てて飛び起きると、鏡を覗き込んだ。ところが鏡に映った自分の頭に、あの黒髪のエクステがない。まさかと思って、周囲を確かめたがエクステは何処《どこ》にも無かった。

今でもアジアの一部では、不法な手段で奪った女性の髪を扱うマーケットがあるという。あのエクステはそんなところから流れて来たのかも知れないと、Cさんは思っている。

助手席の女

会社員のMさんは、どんな場所でもラーメンのためなら平気で出かけるという、大のラーメン通だ。この話はまだMさんが大学生になったばかりの頃のこと。

夏休みを使って車の免許を取ったMさんは真夜中、父親のセダンに乗り込むと甲州街道をひとり走っていた。目的地は東京郊外にある人気のラーメン店。

当時はまだカーナビがないため、途中何度も路肩に車を駐めては、助手席に置いたガイドブックの地図を頼りに車を進めていた。

二十三区を出たあたりから車の台数は急激に減り、信号にも捕まらないまま軽快に車を走らせていた。ところが、店まであと数百メートルという所で車は赤信号に捕まった。

(やれやれ……あと少しなのに)

愚痴混じりのため息をつきながら、ブレーキを踏むと、グゥゥゥゥゥという制動音と共に車は停止線の少し手前で止まった。

視線を道の先にやると、赤く点った信号がずっと先まで並んで見える。

（ふぅ……シグナルブラインドかよ……）

Mさんは、さらに大きなため息をついた。

シグナルブラインドとは、車の少ない夜間の幹線道路では、スピードの出し過ぎを防ぐため赤信号のタイミングを合わせること。一度赤信号に捕まると、その先の信号はタイミング良く赤信号に変わり、毎回捕まる仕組みになっている。

おそらく店までにはあと三つは信号がある。Mさんは三つ目のため息をついた。

――ブゥゥゥン
かすかなエンジン音がしたかと思うと、白いハッチバックがMさんの右側に停車した。
何気なくそちらへ視線を向けると、助手席の窓から少女がこちらの方をじっと見つめている。髪は短かめで、歳は十七、八くらいだろうか。べったりと両掌《てのひら》をガラスに付けたまま、何かを言いたげにこちらを見ている。

Mさんは運転席の窓を開ける、外に顔を覗かせた。すると、

「たすけてー！　たすけてー！　殺されちゃう！」

突然少女は火が付いたかのように、窓ガラスを叩いて叫びだした。

「たすけてーー！　たすけてーー！　あたし殺されちゃうのーーー！」

絶叫する声とドンドンと窓を叩く音が真夜中の交差点に響き渡る。

（もしかしたら誘拐とか拉致の類なのか？）

隣の運転席を見ると、そこには眼鏡を掛けた細身の中年男が黙って座っている。前を向いたまま、まるで助手席の少女のことなど意に介さないような顔をしている。

「たすけてー！　たすけてー！　たすけてー！　殺されるー！」

真夜中の冗談にしてはあまりにも度が過ぎている。どうしたら良いのか考えあぐねていると、目の前の信号が青に変わった。ハッチバックはエンジンを吹かすと、叫ぶ少女を乗せたまま走り出した。

少し遅れてアクセルを踏みかけたMさんだったが、このまま走ればシグナルブラインドでまたあの車と並んでしまうことに気づいた。

ハンドルを切り車を路肩に寄せると、ハッチバックのテールライトが見えなくなるま

でそこに停まっていた。

予定外のハプニングはあったが、目的の店に到着するとMさんは店の駐車場に車を入れ、楽しみにしていたラーメンを満喫した。

食べ終えて店を出たMさんが駐車場の車へ戻ると、車の助手席に誰かが座っている。

（……車上荒らしか？）

相手に気づかれないよう、電信柱の影からそっと様子を伺うと、それはさっきのハッチバックに乗っていたあの少女だった。少女は無表情のまま黙って虚空を見つめている。

その顔を見て彼は少女がこの世の者では無いことを悟った。

（あいつ、今度は俺の車に来やがった！）

Mさんは慌ててその場を離れ甲州街道に出ると、タクシーで家に逃げ帰った。

車は翌日、父親に頼んで取りに行って貰ったという。

幸いMさんは、それ以降少女を見ていない。

同居人

警察官のAさんが東京郊外の交番へ赴任したのは、今から二十年ほど前のこと。担当する地域には大きな幹線道路がないため大きな建物などもなく、空き地や畑などが点在する典型的な住宅街だった。

土地勘のない場所ということもあり、Aさんは赴任するとすぐ、巡回連絡カードを手に地域の巡回をはじめた。

巡回連絡カードというのは担当する地域の家を訪問しては、そこに住んでいる人の名前や仕事、人数、家族構成などを確認し書き込んだもので、犯罪の抑止はもちろん、火災や地震などの災害時には安否確認のための資料にもなる。加えて新任のAさんにとっては、地域を知る一番の近道だった。

その日Aさんが巡回したのは、未だ畑が多く残っている場所で、そこには一軒の大きな屋敷があった。周囲を生け垣に囲まれ、冠木門《かぶきもん》の向こうには手入れの行き届いた広い庭。その奥には黒い瓦屋根に抱かれた立派な母屋が見える。

前任者の残した巡回連絡カードを見るとそこには「アパートの大家」と書かれている。どうやらこの家の住人は、このあたりの大地主なのだろう。

Aさんは、玄関の引き戸の開けると、

「すみませ～ん、○○署ですが、どなたかいらっしゃいますか～」

と声を掛けた。すると少し間を置いてから、

「はい、ご苦労様です。居間におりますので中へお入りください」

と年配の男性の声が帰って来た。

Aさんは一瞬入ることをためらったが、聞くと男性は目が悪いため、家の中でもあまり自由に身動きが取れないのだという。

それならばと玄関をあがり、廊下を声のする方へ進んでいく。すると、縁側の十畳ほ

どの和室にたどり着いた。

「ご足労をおかけして、すみません」

薄暗い部屋の真ん中で、襟《えり》付きのシャツに黒い薄手のカーディガンを羽織《はお》った老人が椅子に座って待っていた。すっと伸びた背筋と落ち着いた表情に気品を感じる。

「なにぶん目がこんな状態ですので、一日中ここにおるんですよ」

そう言うと老人は、Aさんの方に向かって、お座りくださいと手を差し出した。

「……あの、失礼ですが、このお屋敷におひとりで住んでらっしゃるんですか？」

「ええ、家内に先立たれてからは、ずっとひとりでしてね」

それを聞いたAさんは不安になった。目が悪く、自由に身動きの取れない老人のひとり暮らし。犯罪や火事も当然だが、それ以前に日々の生活に支障はないのだろうか？

「あのぅ、普段の生活とかでご不便はないですか？」

心配して訪ねるAさんに、老人は
「おかげさまで、お世話をしてくれる店子さんがいるので、不自由はありませんよ」

と答えた。

三十分ほど掛けて、ひとしきりの質問を終えたAさんは「では失礼します」と腰を上げた。

その気配に合わせるように老人は、廊下へ向かって
「おーい、井上さん。お巡りさんがお帰りですよ〜」

と声をかけた。するとすぐ側の廊下の影から、

「すみませんね、お構いもできませんで……」

と中年女性の声がした。

（なるほど、定期的にヘルパーさんが来ているのか……）

Aさんはひと安心すると部屋を出た。折角なので、井上さんにもいくつか話を聞いておこうと廊下に出てあたりを見渡したが、今声がしたはずの廊下には誰もいなかった。


後日Aさんは、老人の家の近所にあるアパートへ立ち寄った。ここは老人の持っているアパートのひとつだ。不在者が多く困っていると、何軒目かの部屋から中年男性が顔を覗かせた。男性はこのアパートにもう十年以上も住んでいて、老人の家にも頻繁に出入りしていると言う。

「ほら、大家さんって目が悪いでしょ。だから二日、三日に一度顔を出しては、買い物へ

行ったり、弁当を買ってきたりしてるんだよ。仕事が無ければ毎日行くんだけどさ……」

どうやら、彼が老人の言っていた店子らしい。

「そうですか。でもその間はヘルパーさんもいるようですし、安心しました」

Aさんがそういうと、男性は怪訝そうな表情で、

「えー？　ヘルパー？　そんなのあの家に来てないよ」

「でも先日伺った時、あの方、廊下に向かって〝井上さん〟と声を掛けてましたよ」

井上という名前を聞いて男性は、思わず吹き出すと

「あははは！　そりゃあの家の猫の名前だよ。これぐらいの小さな茶虎でさ、俺がここに来るずっと前からいるんだよ……でも井上って猫にしては変な名前だよな」

Aさんはその後、他のアパートの住人や近所の人にも井上さんのことを訪ねた。しかし、みな口を揃えたようにそれは飼っている『猫』の名前だと答えた。

現在、家のあった場所には、立派なマンションが建っている。

みている

二十数年前、N子さんは就職を切っ掛けに職場に近い部屋を借り、高校生の妹とふたり暮らしを始めた。

借りたのは、大阪近郊にある築二十年を超えた古いアパートで、間取りは四畳半二間に、ステンレス板で出来た流し台と五徳の置かれた小さなキッチン。膝を抱えて入るのがやっとの風呂にトイレというもの。

当然、実家に比べると何もかも不便な環境だったが、家賃が思いのほか安かったのと、実家を出ることがN子さん姉妹の念願だったので、多少の不便は苦ではなかった。

ふたり暮らしを始めた当初は何も起きなかったが、住み始めてひと月を過ぎるあたりから、真夜中になると部屋の中で奇妙なことが起きだした。

——ギィッ……ギィッ……

ふたりで寝ていると、隣の部屋で小さな音が聞こえた。

——ギィッ……ギィッ……

何かが畳の上を歩き、その根太《ねだ》が軋《きし》みをあげているように聞こえる。

「ねぇ、おねぇちゃん、なんか音がするよ」

音に気づいた妹が、隣のN子さんの肩を揺さぶった。

「大丈夫よ。ボロアパートなんだから、夜中に誰かが歩けば軋んで音がするのよ……」

めんどくさそうに妹にそう答え、寝返りをうとうとしたときだった、

——キィッ、キィッ、キィッ……

もっと大きな音が鳴った。今度はこの部屋からだ。

——キィッ、キィッ、キィッ……

音は金属を擦った時に出る甲高《かんだか》い音。それが一定のリズムを刻んでいる。

飛び起きたN子さんは、どこから音がするのか部屋の中を見渡した。

——キィッ……キィッ……キィッ

しばらくの間、真っ暗な部屋で音の出所を探していると、それは足元にある妹の机の

あたりから聞こえているのがわかった。目を凝らして見ると、椅子の背もたれが誰も座っていないのにゆっくりと右へ行ったり、左へ行ったりを繰り返している。

――キィッ……キィッ……キィッ

「おねぇちゃん、なにあれ?」

それを見た妹が思わず声を上げた途端、

――キッ………

と背もたれは動きを止めた。すぐに部屋の灯りを点け、ふたりで椅子を確かめてみたが、勝手に動きだすような原因は見つからなかった。

その夜を境に夜中になると、不思議なことが部屋で続いた。

突然の激しい水音で目を冷まし、キッチンへ行くとちゃんと締めたはずの水道の蛇口が全開になっていたり、誰も入っていないトイレの水が勝手に流れたり、部屋の灯りが突然点いたり。

N子さんは、すぐに不動産屋へ駆け込むと、以前この部屋で自殺や病死、事件などはなかったかと訪ねた。ところが不動産屋からは、

「あのアパートは建てた直後から、当社で扱ってますが、事故とか自殺とかそういう類の話は一度もありません。ご不満なら引っ越し頂いて構いませんが?」

と、けんもほろろで取り合ってくれない。

仕方なく折りを見ては、同じアパートの住人に「事件は無かったか?」と聞いてまわったが不動産屋同様、それらしい話を聞くことはできなかった。

「ねぇ、早く引っ越そうよ」

すっかり怯えた妹からは、毎日のようにそう急かされた。しかし、新しい部屋を借りるにも、敷金や礼金、引っ越し代などを考えると、彼女の給料ではそう簡単にはできない。このまま我慢して住み続けるしかないのだろうかと、半ば諦めていた時のことだった。

——ジリリリリン、ジリリリリン……

けたたましい電話のベルでN子さんは目を覚ました。

枕元の目覚ましに目をやると、朝の六時をまわったばかりで、窓の外はまだ薄暗い。

隣でうるさいとばかりに布団を頭から被っている妹を横目に、N子さんは布団をはねのけると、這うようにして部屋の隅にある電話に手を伸ばした。

「もしもし……」

〈もしもし、N子ちゃん？〉

電話の向こうから聞こえたのは叔母の声だった。

叔母は彼女の実家の側に住んでいて、小さい頃から、N子さんたち姉妹をずいぶんと可愛がってくれた。そのためこうして実家を出た今でも、時々ふたりに電話をくれては困ったことはないかと相談にのってくれたりしている。

「あっ、おばさん。どうしたの？　こんな朝早く……」

すると叔母は、あえて落ち着きはらったような口調で、

〈あのね、今朝お母さんからおばさんのところに変な電話があったの。言ってることが滅茶苦茶でね。それで気になって家に行ってみたら、お母さんが階段で首を吊ってたの……〉

「えっ？　首を？　お母さんが？」

〈そうなの、それで救急車を呼んで病院へ運んだの。だからあんたたちも、すぐ病院に行ってくれる？……〉

突然のことにN子さんの頭の中は、一瞬で真っ白になった。そして最初に頭に浮かんだのは「母の元へ行くべきか?」と言うことだった。

そもそも、N子さんが妹と家を出ようと思ったのは、母親との折り合いの問題だった。ふたりがまだ幼い頃、家には働かずいつも家にいる父の姿があった。少しでも気に障《さわ》ることがあれば、大声を張り上げ物を投げつけたり、母に暴力をふるったりした。殴られ床の上にはつくばった母を、父は上から容赦なく蹴りつけた。N子さん姉妹はなすべもなく、そんな母の姿を泣きながら見るしかなかったという。

やがて、そんな母の姿を知った叔母が仲裁に入り離婚が成立、父は家から姿を消した。ようやくの事で平穏な日々が訪れ、母と娘、三人の生活が始まった。しかし、女手ひとつで子供ふたりを養うのは、母にとって苦痛だったのかも知れない。

N子さんが中学生にあがる頃には、母の様子はすっかり変わってしまった。夜の仕事が多くなり、家に帰るのはいつも朝方になってから。家の家事はN子さんに任せきりで、食事は母の置いていくお金でパンやお弁当等を買って食べる有様。

さらに、何か気にいらないことがあると、すぐに大声を張り上げ物を投げつけたり、

N子さんたちに暴力をふるったりした。

かつて見た悪夢が、再び現実となって今度はN子さんたちに降りかかってきた。

そこで、N子さんは就職が決まり、高校を卒業すると叔母だけに居場所を伝え、妹と一緒に実家を飛び出した。


だからこそ、いまさら母の元へ行くことに彼女は躊躇《ちゅうちょ》した。

危篤の母を目の前にして、なんと声を掛けたらよいのだろうか?

「昔のことは会ってからで良いから、ともかく病院に行って頂戴……」

受話器から聞こえる叔母の声に、はっと我に返るとN子さんは寝ている妹を起こすと、母が首を吊って病院に運ばれたことを伝えた。


「私、先に出てタクシー停めておくから、あんたもすぐに来て!」

着替え途中の妹にそう声を掛けると、N子さんは玄関へ続くガラス戸を開けた。

すると、玄関の三和土《たたき》の上に、黒い煙に包まれた何か土下座をしている。背中からは黒煙が筋のように立ち上り、ゆらゆらと揺らめいている。

彼女は思わず息を飲んだ。

それはいま、首を吊って病院に運ばれたと聞かされた母の姿だった。

「かあ……さん？」

N子さんの言葉に、母はもたげた頭をゆっくり持ち上げると、ダラリと垂れた髪の間からじっと彼女を睨みつけた。次の瞬間、

〈よくも私を独りにしたな……〉

〈どうして私を置いていった……〉

〈どうして……〉

N子さんの頭の中に、母の声が流れ込んできた。

〈この薄情者……〉

〈裏切り者……〉

〈せっかく育ててやったのに……〉

母の頭が再びガクンとうな垂れる。次の瞬間バネではじかれたように頭が持ち上がり、首が折れるほどに天井を見上げると、またガクンとうな垂れる。

——ガックンガックンガックン……

まるで壊れたおもちゃのように、頭がものすごい勢いで上がったり下がったりを繰り返した。

〈なぜだ……なぜだ、なぜだ、なぜだ……〉

怒りと悲しさの入り混じった声が、エコーのようにN子さんの頭の中で響き渡った。

同時に『ひとりぼっちの実家で泣き叫ぶ母の姿』『自分たちの部屋の前で佇む姿』『部屋の中をうろうろ歩き回る姿』『夜中に妹の椅子から、寝ている自分たちを見下ろしている姿』『水道の蛇口を捻《ひね》る姿』が頭の中に浮かんでくる。

（これって、かあさんの……）

目の前では、黒い煙を立ち上らせながら、母が激しく頭を振り続けている。

やがて母が実家の階段の手すりに電気コードをかけ、輪になった部分に首を入れようとしている姿が頭の中に浮かんだ。

〈死んでやる〉〈死んでやる〉〈死んでやる〉

恨みの言葉が頭の中を巡る。次の瞬間、ぽんと階段を蹴ると母の足が宙に舞った。

「お姉ちゃん！　それおかあさん？」

少し遅れて部屋を出ようとした妹が、玄関の母の姿を見て声を上げた。

――ジリリリリン、ジリリリリン、ジリリリリン！

突然、部屋の電話が大きな音を立てた。

次の瞬間、玄関の母の姿も頭の中の声もかき消えた。

今見た物が信じられぬまま、急いで部屋の電話に出ると、叔母からの電話だった。

『落ち着いて聞いてね。あなたたちのおかあさんね、今病院で亡くなったって。だから、急がなくていいから来て頂戴……』

電話を切り、再び玄関の三和土を見たが、そこに再び母の姿が現れることはなかった。

N子さんは、真夜中に起きた一連の出来事は、ひとり家に残された母の念が、自分たちの元へ飛んできて起こしたことだと思っている。

そしてその想像通り、母が亡くなって以降、彼女たちの部屋で夜中、何かが起ることは無かったという。

現代怪談 地獄めぐり

2018年9月5日　初版第1刷発行

著者　松原タニシ、川奈まり子、牛抱せん夏
内藤 駆、西浦和也
デザイン　橋元浩明(sowhat.Inc.)
企画・編集　中西如(Studio DARA)
発行人　後藤明信
発行所　株式会社 竹書房
〒102-0072 東京都千代田区飯田橋2-7-3
電話03(3264)1576(代表)
電話03(3234)6208(編集)
http://www.takeshobo.co.jp
印刷所　中央精版印刷株式会社

定価はカバーに表示しています。
落丁・乱丁本の場合は竹書房までお問い合わせください。

ISBN978-4-8019-1587-9 C0176